Giacomo Biffi

Pinocchio oder die Frage nach Gott

Giacomo Biffi

Pinocchio
ODER
die Frage nach
Gott

SANKT
ULRICH
VERLAG
GMBH

Übersetzung: Rita Manlik de Cesaris
Titel der Originalausgabe: Contro maestro Ciliegia
© Editoriale Jaca Book SpA, Mailand

Die Deutsche Bibliothek – CIP-Einheitsaufnahme

Biffi, Giacomo:
Pinocchio oder die Frage nach Gott / Giacomo Biffi. [Übers.: Rita Manlik de Cesaris].
- Augsburg : Sankt-Ulrich-Verl., 2000
Einheitssacht.: Contro maestro Ciliegia < dt. >
ISBN 3-929246-52-X

© 2000 by Sankt Ulrich Verlag GmbH, Augsburg
Alle Rechte vorbehalten
Umschlaggestaltung: Cornelia Harreiß-Kraft
Umschlagbild: La casa Usher / Christina Ghergo, Firenze
(Der Rechtsinhaber konnte nicht ausfindig gemacht werden)
Druck: Wiener Verlag Ges.m.b.H., Himberg
Printed in Austria
ISBN 3-929246-52-X

Inhalt

Ubi fides ibi libertas
hl. Ambrosius

Einführung

Der freundliche Leser erfährt hier alles Nähere
über das Entstehen dieses Kommentars
und wird gebeten, christliches Erbarmen
walten zu lassen.

Von meiner ersten Begegnung mit Pinocchio ist mir noch das genaue Datum in Erinnerung: es war der 7. Dezember 1935.
Damals schien das ganze italienische Volk von seiner imperialistischen Bestimmung fest überzeugt zu sein; dreißig Jahre später sollte es dann in sich eine noch ältere allgemeine Berufung zum „Widerstand" entdecken.
Mein Vater bevorzugte allerdings die langbewährten häuslichen Lorbeeren und führte mich wie alle Jahre an jenem Festtag in die Kirche zum hl. Ambrosius. Ich sehe mich in der prickelnden Morgenfrische erwartungsvoll durch das Ansperto-Portal (*Anm. des Übersetzers:* Portal des Mailänder Doms, benannt nach dem früheren Bischof Ansperto) trippeln, meine Hand in seiner rauhen, starken Hand. Eine kurze Verbeugung vor dem Bischof, der es als erster gewagt hatte, der Autorität des Kaisers Grenzen zu setzen, dann das vergnügte Schlendern in der Menge, vorbei an den lärmenden Budenverkäufern.
Damals kaufte mir mein Vater neben einigen zusätzlichen Figuren für meine Weihnachtskrippe das erste Buch meines Lebens, um sozusagen auch offiziell zu bestätigen, daß ich seit kurzem des Lesens kundig geworden war. Es war eine billige Ausgabe von *Pinocchios Abenteuer*. So geschah es, daß der fatale Hampelmann in mein Leben eintrat und dort blieb.
Die Beziehung zu Pinocchio in meiner Kindheit und Jugend war schwierig.
Ich konnte seine Anziehungsskraft nicht leugnen, und die spannende Handlung, der Phantasienreichtum, die einfache Eleganz der Erzählung bezauberten und fesselten mich, aber sie überzeugten mich nicht innerlich.

An dem Buch war auch etwas Lästiges, das ich sogar heute noch nicht leicht erklären kann. Vielleicht war es der knappe toskanische Stil, den wir zwar bewundern, aber doch nicht gern haben, weil wir darin weder die Klangfülle noch die volle Würze noch den „unterschwelligen Ideenreichtum" finden, die unserer Meinung nach dem „Schreibwerk eines Mannes von vornehmer Gesinnung" Geschmack und Gehalt verleihen. Vielleicht ist es die leichte, zurückhaltende, heitere Ironie, in die Collodi nicht nur seine Erzählung und seinen armen Hampelmann, sondern auch den unvorsichtigen Leser einhüllt. Eine Ironie, die wir hochschätzen, die aber für einen lombardischen Gaumen zu wenig Mitleid zeigt, das unserer Meinung nach zum echten Humor gehört. Aber wir wissen, daß Humor eine seltene Kunst ist und daß er Zurückhaltung und Anteilnahme, Objektivierung und Integration, Transzendenz und Immanenz in ein und derselben Geisteshaltung vereinen und ausdrücken soll – was nur Gott allein gelingen kann.

Besonders abstoßend fand ich die sich ständig wiederholende Moralität, die zwar durch den kecken Ton ein wenig abgeschwächt wurde, aber mir schließlich das ganze Märchen mit seinen Predigten der Sprechenden Grille und die Ermahnungen meiner Klassenlehrerin verleidete.

Sobald ich das Buch beiseite legte und in Vergessenheit geraten ließ, spürte ich eine Art Sehnsucht, die in manchen Augenblicken sogar in Gewissensbisse ausartete. Sobald ich es wieder zur Hand nahm, fühlte ich mich irritiert und unbehaglich wie einer, der gezwungen ist, die zu unverhüllt erbaulichen Reden eines unbeholfenen Lehrers anzuhören. Außerdem war ich mir nicht sicher, ob es der Lehrer ernst meinte, oder ob er sich nicht über das, was er lehrte, und über die Schüler lustig machte.

Gedanken eines Heranwachsenden. Doch ich sollte später noch hochfahrendere Gedanken dieser Sorte von manchen Leuten kennenlernen, die seit langem der Pubertät entwachsen waren. Denn man bezichtigte Collodis Buch nicht nur des Moralismus, sondern auch der Duldsamkeit gegenüber den autoritären und repressiven Formen der Bürgergesellschaft, der einschüchternden Pädagogik und sogar des Sadismus. Oder man meinte, umgekehrt, in Pinocchio die sozialen Botschaften, die Kritiken am „System" und sogar den dialektischen Materialismus entdecken zu können. Oder man glaubte, in ihm mit psychoanalytischen Methoden eine klar erotische Thematik zu finden.

Gedanken eines Heranwachsenden. Aber es waren meine eigenen, deshalb schien es mir angebracht, sie hier in diesem Kommentar aufzuzeichnen, der, ohne zu wollen, eine Art geistlicher Chronik zu werden scheint.

In meiner späteren Jugendzeit ging mir eines Tages, das genaue Datum ist mir entfallen, ein Licht auf. Ich fand heraus, daß die Erzählung wirklich eine Botschaft enthielt, aber keine anzuzweifelnde moralistische und mahnende Botschaft, wie ich bisher geglaubt hatte. Das Buch vermittelte nicht so sehr Verhaltens- und Anstandsregeln, sondern enthüllte das wahre Wesen des Universums. Es lehrte mich von sich aus nicht, was ich tun sollte, sondern erzählte ganz einfach die Geschichte der Welt und des Menschen. Es wollte mich nicht beraten, sondern bot sich auf sympatische Weise an, mir verstehen zu helfen.

Hinter dem Schleier des Märchens schien sich eine klare, feststehende Lehre zu verbergen, die die Einfachen seit jeher gekannt und geliebt haben. Jenseits des Flusses der Ereignisse, die scheinbar nicht so ernst zu nehmen waren, ging mir die höchste und volkstümlichste, eindrucksvollste und erschöpfendste, reichhaltigste und logischste Sicht der Dinge auf, die dem menschlichen Verstand jemals angeboten worden war.

Pinocchio handelte eindeutig vom katholischen Glauben. Zu dieser Überzeugung kam ich nach und nach, und sie verhalf mir zu einer zufriedenstellenden und lohnenden Lektüre dieses außerordentlichen Werkes.

Ihm hatte ich es zu verdanken, daß ich in jenen Jahren für die Schwäche des sündigen Menschen ein besonderes Einfühlungsvermögen erlangte, das es mir erlaubte, das Doktorat in Theologie mit einer Dissertation zu erwerben, die, glaube ich, von niemandem gelesen, aber von allen gelobt wurde. Es ist recht, daß ich nach so vielen Jahren hier meine Quelle angebe. Was in meiner Schrift an Neuem gesagt worden war, stammte aus *Pinocchios Abenteuer*. Mein Verdienst oder vielmehr mein Mühen bestand nur darin, die Begriffe der bezaubernden Prosa Collodis in eine verwickelte und unverständliche Sprache umzusetzen, die eventuell manche Theologen zum Lesen verlocken und ihnen zu einem besseren Verständnis verhelfen sollte.

Pinocchio handelte eindeutig vom katholischen Glauben. Das war meine Meinung, aber was würde Collodi davon halten? In der Jugend ist man immer ein wenig übermütig, deshalb schien mir die Frage völlig nebensächlich. Warum sollte mich die Meinung eines andern kümmern? Wenn Collodi nicht vermocht hatte, den Hintergrund seiner Erzählung deutlich zu machen, dann war es um so notwendiger und klarer, daß jemand kam und den Sinn des Buches enthüllte und endlich das Rätsel dieses Zaubers löste, den es von Anfang an auf die Menschen ausgeübt hatte. Ich stand auf der Seite des Hampelmanns und überzeugte mich immer mehr davon, daß es sich gleichsam um einen Racheakt handelte: Indem es Pinocchio gelang, mehr und Besseres auszusagen als das, was vom Autor vorgesehen und beabsichtigt worden war, zahlte er es seinem ironischen Schöpfer mit gleicher Münze heim. Die übermütigen Streiche der Jugendlichen – das weiß man – dürfen nicht ernst genommen werden. Jugendlichen kann man bis zu einem gewissen Punkt auch gefährliche und ausgefallene Reden verzeihen, um so mehr als diese oft, wie in diesem Fall, ein Körnchen Wahrheit enthalten.

In der Absicht, diese barmherzige Haltung zu wecken und zu unterstützen, will ich versuchen, die weit zurückreichenden Wurzeln meiner Jugendlektüre von Pinocchio kurz zu schildern.
Als *Die Geschichte eines Hampelmanns* in Fernando Martinis „Zeitung für die Kinder" in Fortsetzungen erschien, war auf unserer Halbinsel die ersehnte nationale Einigung beinahe vervollständigt. Sie war vor allem durch das Verdienst von Cavour in knapp elf Jahren vollzogen worden. Ihm ist dafür Bewunderung zu zollen, wie man sie immer demjenigen schuldet, der ein gestecktes Ziel zu erreichen vermag, abgesehen vom Urteil andernorts über die Güte des Zwecks und der Mittel.

„Der einzige große Diplomat war Cavour", schrieb Dostojewski im Jahr 1877 (aber seine Stimme drang damals nicht bis zu uns). „Das italienische Volk fühlt sich als Hüter eines universalen Gedankenguts, und wer es nicht weiß, errät es. Die italienische Kunst und Wissenschaft sind durchtränkt von diesem großartigen Gedanken. Doch was hat Graf Cavour erreicht? Ein kleines, zweitrangiges, spießbürgerliches Königreich ohne Weltbedeutung und ohne Ambitionen."

Tatsächlich ist aus dem Wirrwarr des Risorgimento – den das italienische Volk mit dem gleichen Interesse verfolgt hatte, wie es die Abenteuer seiner „Herren" geduldet hatte – der Einheitsstaat hervorgegangen. Aber es wurde keineswegs eine selbstbewußte Nation geboren, die hinsichtlich der Werte, die dem Leben Sinn geben, übereinstimmte. Die Umwälzungen des 19. Jahrhunderts waren vorwiegend Ideologien zuzuschreiben, die den Gefühlen und Überzeugungen unseres Volkes fremd waren. Sie verletzten in jeder Weise den katholischen Glauben, der die einzige Sicht der Wirklichkeit war, die von allen Bewohnern Italiens als eigene anerkannt wurde.

Und der katholische Glaube, gewöhnlich verzerrt dargestellt, als rückständig belächelt und von der herrschenden „Kultur" verachtet, hatte sich seitdem – sagte ich mir – ins Unterbewußtsein zurückgezogen, in Erwartung besserer Zeiten.

Auf diese Weise hatte der Einigungsprozeß im Leben der italienischen Gesellschaft das einzige Bindeglied – außer der verbreiteten Vorliebe für gutes Essen –, das uns von den Alpen bis nach Sizilien irgendwie verband, ausgeschaltet.

Ein allgemein sichtbares Bild der Gewalt, die unserer ältesten Tradition angetan worden war, boten unsere Städte, wo man noch die Größe und Genialität des Mittelalters, der Renaissance und der katholischen Reform bewundern kann. Denn in jenen Jahren wurden auf den Plätzen Standbilder dickwangiger und bärtiger Persönlichkeiten, nicht selten zu Pferd, errichtet. Denkmäler, die jetzt mehr die Aufgabe hätten – dachte ich mit tadelnswerter Respektlosigkeit –, die früheren Verdienste der Gattung der Pferde in der menschlichen Beförderung in Erinnerung zu halten.

Italien hatte also im Laufe der zweiten Hälfte des vergangenen Jahrhunderts die politische Einheit auf Kosten der eigenen Seele hergestellt. So erklärte ich mir, daß sich seit der Einigung des Landes unter uns keine Stimme mehr erhoben hatte, die den Menschen etwas Ewiggültiges zu sagen gehabt und sich in der ganzen Welt zu Gehör gebracht hätte, außer Pinocchios Stimme. Collodis Herz war weiter als der Gesichtskreis seiner Überzeugungen. Er hatte ein prophetisches Charisma, das älter als seine politische Parteinahme war. So konnte er vielleicht unbewußt an den Glauben seiner Väter und an die eigentliche Philosophie seines Volkes anknüpfen.

Der katholische Glaube, der in seinem eigenen Kleid die Schranken der Zensur der damaligen kulturellen Diktatur und des ausdrücklichen Bewußtseins des Schriftstellers nicht hätte überwinden können, brach als Märchen verkleidet aus der innersten geistigen Tiefe hervor und drang nach außen. In diesem Märchen erkannten die Italiener instinktiv ihr uraltes Leitmotiv, und die Menschen aller Länder spürten unbewußt die verschlüsselte Gegenwart einer universalen Botschaft.

Ich stelle fest, daß ich nach diesen Ausführungen wahrscheinlich um noch mehr Verständnis und Nachsicht bitten muß. Bekanntlich haben die Jugendlichen eine Vorliebe für entschiedene Haltungen, auch wenn sie übertrieben und irritierend sind, und neigen nicht sehr zu Schattierungen.

Es gab aber noch zwei andere Argumente, die meiner damaligen Meinung nach diese einzigartige These bekräftigen konnten.

Erstens meinte ich – um meine These zu untermauern, die zugleich etwas Romantisches und Psychoanalytisches an sich hat –, das literarische Genre bestimmen zu können: eine Art Traum, von einem Propheten mit offenen Augen für die ganze Nation geträumt, wo sich realistische und surrealistische Elemente wie in allen Träumen vermischen und zwanglos zusammenleben; wo die Hauptpersonen – Pinocchio, die Fee, die Sprechende Grille – auch sterben können, aber deshalb nicht von der Bildfläche verschwinden, sondern – wie manche Alpträume – immer wiederkehren.

Ein Traum also, der aus dem Unterbewußtsein des Autors und unseres Volkes, in das sie eine fremde Philosophie ohne zu fragen verbannt hatte, dieselbe Lebensauffassung hervorgeholt hat, die Franz von Assisi, Thomas von Aquin, Dante Alighieri besaßen; oder, um an die jüngere Zeit zu denken, die Lebenssicht, die Ludovico Antonio Muratori, Giambattista Vico, Antonio Rosmini und Alessandro Manzoni, das heißt die ernsthaftesten Personen unter den berühmten Italienern, teilten.

Gerade weil sie ein Traum zu sein scheint, ist die Erzählung in der Struktur schillernd, in der Sinngebung flüchtig und nimmt von Mal zu Mal die Form der Parabel an (die insgesamt genommen eine Idee ausdrückt, ohne daß die einzelnen Elemente der Komposition notwendigerweise mit einer Botschaft beladen sind), der Allegorie (wo alle Einzelheiten etwas zu sagen haben) oder des reinen Phantasiegebildes (dem kein anderer Sinn zu entnehmen ist als die reine Erfindungslust).

Das zweite Argument ist die Ähnlichkeit mit dem berühmten Werk des Ariosto (des überzeugendsten ähnlicher literarischer Werke von den *Promessi Sposi* bis zu den Bühnenwerken Stenterellos), die man diesem Buch zuschreiben wollte. Es erträgt wie ein Wunder alle Vergleiche und alle Deutungen und beweist dadurch eine so dichte und hohe Schreibkunst, wie man es anfangs nicht vermuten würde.

Die beiden Werke ähneln sich durch die glückliche Willkürlichkeit der Ereignisse, die Entfaltung einer unerschöpflichen und überraschenden Phantasie und das ironische Lächeln über die Märchengestalten, die auch im *Orlando Furioso* weniger Geschöpfe aus Fleisch und Blut, als vielmehr Hampelmänner zu sein scheinen, die nur zur Belustigung des Publikums und noch mehr des Dichters sprechen und handeln.

Diese bemerkenswerte Ähnlichkeit wird aber durch einen grundlegenden Unterschied übertroffen. Die Dichtung des Ariosto kennt weder einen notwendigen Anfang noch ein unweigerliches Ende: Der Vorhang könnte sich an jeder Stelle des Schauspiels heben und senken, ohne daß die Ökonomie des Werkes wirklich darunter leiden würde. Das beruht auf dem Konzept, das auch der vorchristlichen griechischen Kultur zugrundeliegt, wonach die Geschichte ein Gewebe ohne Ende (wie das von Penelope) ist, ein Ringelspiel, das immer wieder von neuem beginnen kann. Im Gegensatz dazu hat Collodis Werk einen Anfang, der Voraussetzung und Ursprung des ganzen Geschehens ist (Erschaffung und Flucht vor dem Schöpfer), eine äußerst dramatische Handlung, in der zwischen zwei verschiedenen Bestimmungen frei gewählt wird, und eine eschatologische Lösung (Rückkehr zum Vater und Verwandlung). Das ist – und daran kann kein vernünftiger Mensch zweifeln – das unverwechselbare und unverkürzte Geschichtsverständnis, das unsere Kultur aus der christlichen Offenbarung abgeleitet hat.

So ungefähr waren meine Überlegungen damals, für die ich heute schon wiederholt um die mildernden Umstände der jugendlichen Unerfahrenheit gebeten habe.
Ob sie nun objektiv haltbar sind oder nicht, scheint mir heute keine Frage mehr zu sein. Indem ich so tue, als wären sie es, darf ich meine tägliche Betrachtung manchmal über *Pinocchios Abenteuer* halten statt über aszetische und mystische Schriftsteller. Und das ist ein großer Gewinn.
Auf diese Weise ist nach und nach dieser bescheidene Kommentar entstanden.

Mir ist bewußt, daß ich nicht der erste bin, der Collodis Buch theologisch kommentiert, und ich hoffe, auch nicht der letzte zu sein. Die Gesellschaft verdienstvoller Personen ist immer ein Trost, wenn man einen anfechtbaren und wenig beschrittenen Weg geht.
Man könnte einwenden, daß für eine theologische Exegese ein Buch der Heiligen Schrift oder der Kirchenväter angemessener gewesen wäre, und der Einwand könnte zweifellos akzeptiert werden. Aber dagegen ist zu sagen, daß in der heutigen Zeit der unerbittlichen Spezialisierung weder die Theologen noch die Bibelwissenschaftler und noch weniger die Schriftsteller sich hier betroffen fühlen sollen. Deshalb hoffe ich, daß diese Seiten sich vor der Anschuldigung der Inkompetenz und der Oberflächlichkeit retten, und zwar nicht aus Mangel an Schuld, sondern aus Mangel an betroffenen Anklägern.
Oder vielleicht endet es damit, daß sie von allen kritisiert werden, was die gerechte Strafe ist für den, der besonders schlau sein will.

Vorbemerkung

Die Lektüre oder wiederholte Lektüre von *Pinocchios Abenteuer* ist allen anzuraten, besonders den Kulturschaffenden. Diesen Kommentar kann man aber auch als völlig eigenständiges Werk lesen. Die kursiv gedruckten Zitate sind dem Buch *Pinocchios Abenteuer* von Carlo Collodi entnommen.

Einleitung

Oder

Streitschrift über die Frage:
Wer war einmal?

Es war einmal …
„Ein König!" werden meine kleinen Leser prompt antworten.
Nein, Kinder, da habt ihr falsch geraten.
Es war einmal ein Stück Holz.

Wer ein Märchen erzählen oder eine theologische Abhandlung verfassen will, stößt gleich zu Beginn auf eine Schwierigkeit: Wie soll man beginnen? Bei wem soll man anfangen? Wer war einmal? Märchen haben seit eh und je eine Lösung parat: Es war einmal ein König. Und die „Kleinen", denen es gegeben ist, um die Geheimnisse des Himmelreiches zu wissen, haben keine Hemmungen und halten sich an das Althergebrachte der Märchen.
Carlo Collodi hingegen, ein kluger Kopf, weicht vom allgemein üblichen Schema ab und scheint in seinem Ansatz eine gewisse Vorliebe für Antikonformismus sowie Mut und Sinn für konkrete Werte zu zeigen. Deshalb widerspricht er den „Kleinen": *Nein, Kinder, da habt ihr falsch geraten.* Seine Geschichte beginnt mit einer Neuheit: *Es war einmal ein Stück Holz.*
Aber wenn „Menschen wie ihnen das Reich Gottes gehört" (vgl. Mk 10,14), kann man dann die Meinung der „Kleinen" so leicht beiseite schieben? Unserer Meinung nach muß diese Frage eingehender untersucht werden, als dies im Text geschieht.
Wir fragen uns: Auf welcher Seite steht der Konformismus: auf der Seite der Märchen, die dem gesunden Menschenverstand trotzen und uns in einer Welt, in der keine Könige mehr erscheinen, von Kronen und Zeptern erzählen, oder auf der Seite von Carlo Collodi, der sich der gewohnten Realität der Holzstücke anpaßt? Wer ist mutiger: Collodi, der von einem Holzstück ausgeht, das niemand zu beanstanden wagt, oder die Märchen, die den Anspruch auf die Existenz eines Königs erheben, den niemand je zu Gesicht bekommen hat?

Aber die entscheidende Frage ist die dritte: Steht wirklich fest, daß Realismus und Konkretheit dem eigen sind, der hauptsächlich auf die Holzstücke achtet? Wenn es wahrhaftig einen König gibt, ist es geboten und nützlich, bei ihm anzufangen. Sollte sich dann nachweislich ergeben, daß keine Spur von König auf Erden und im Himmel zu finden ist, sondern nur Holzscheite existieren, wäre es vielleicht – im Namen des Realismus – besser, die ganze Geschichte als albern und uninteressant abzutun, das Buch zuzuschlagen und sich anderweitig zu vergnügen.

Aber auch da beweist Carlo Collodi weise Vorausschau: Indem er die altgewohnte Einleitung vermeidet und eine zweifellos viel realistischere vorlegt, stellt er sich in die geschätzte Reihe der Vorläufer. Eigentlich nehmen die Anfangsworte des Buches nur ganz verhalten, aber unzweideutig die „anthropologische Wende" voraus, an der ein großer Teil der Theologie von heute Gefallen findet: Auf Grund dieser „Wende" scheint man endgültig zu der Erkenntnis gelangt zu sein, daß nicht mehr Gott, sondern der Mensch mit seinen Problemen und seinen Ansprüchen an die erste Stelle zu setzen ist.

Nun genug mit diesen paar Bemerkungen, die zeigen sollen, wie behutsam man sich die Frage stellen muß: Wer war einmal? Wir wollen uns hier auf einige kurze Überlegungen beschränken.

Zur größeren Klarheit werden wir uns drei Fragen stellen: Wer war am Anfang? Auf wen müssen wir unser Hauptaugenmerk richten? Wo muß der theologische Kommentar ansetzen?

Wer ist am Anfang?
Zweifellos steht die Antwort fest. Am Anfang ist Gott (Gen 1,1). „Am Anfang war das Wort" (Joh 1,1). Am Anfang ist der Geist Gottes; ja, alle Anfänge sind vom Geist: der Anfang der Schöpfung (Gen 1,2), der Anfang des Heilswerkes (Lk 1,35), der Anfang der erlösten Menschheit, das heißt der Kirche (Apg 2,1–4).
Am Anfang ist also „der König", der Jesaja in der Stunde seiner Berufung erschienen ist: „Meine Augen haben den König, den Herrn der Heere, gesehen" (Jes 6,5).

Eben weil von Anfang an dieses unendliche, reine Meer von Licht, Feuer und Freude, das der seit Ewigkeit lebendige und selige Gott ist, jeden erdenklichen Raum ausfüllt, ja, gerade deshalb sind wir vor dem Nichts gerettet. Wäre der König von Anfang an nicht gegenwärtig und greifbar im Geheimnis seines dreifaltigen Lebens, dann wäre das Universum leer, und wir wären im endlosen Nichts ziellos treibende Sinnlosigkeiten.

Ohne Gott ist das Universum Wüste, und der Mensch, so groß er sich auch manchmal vorkommen mag, füllt es nicht aus. Er vermag nicht einmal seine innere Welt auszufüllen. In gewisser Hinsicht ist der Mensch ein Raum des Geistes, der eine Anwesenheit aufnehmen will.

Auf wen sollen wir also achten?

Wenn am Anfang der König ist, müssen wir auf ihn unsere ganze Aufmerksamkeit richten. Wenn Gott existiert, läßt er sich nicht hintenansetzen oder so ohne weiteres vereinnahmen, keinen Augenblick lang, auch nicht methodologisch. Nichts ist komischer, als aus angeblicher Zweckmäßigkeit so zu tun, „ut si Deus non daretur" – als gäbe es Gott nicht –, in der Meinung, dem Menschen und der Welt die Würde und den Geschmack einer echten Weltlichkeit zurückzugeben. Wenn Gott existiert, sind die Dinge wesentlich auf ihn bezogen, denn jede andere Sichtweise würde ihre Authentizität beeinträchtigen. Wenn ich denken, lieben, hoffen, leben will, als gäbe es Gott nicht, denke, liebe, hoffe, lebe ich auch so, als hätte ich selbst keinen Wert und Bestand.

Wollte man, um die Helligkeit des Mondes zu verstärken, die Sonne auslöschen, wäre das zweifellos vernünftiger, als Gott in den Schatten stellen zu wollen, indem man ihn gegebenenfalls aus dem Bewußtsein verdrängt, damit der Mensch uneingeschränkt als einziger Protagonist der kosmischen Verlassenheit und als einziges Maß aller Dinge auftreten kann.

Wo muß die theologische Abhandlung ansetzen?

Man kann beginnen, wo man will. Wer die ersten beiden Fragen richtig beantwortet hat, dem steht es frei, die dritte Frage nach Belieben zu beantworten.

Die Welt ist keine Anhäufung unverbindlicher Wirklichkeiten. Die Wahrheiten – wenn sie es sind – implizieren sich alle gegenseitig. An welchem Punkt man auch ansetzt, man stößt immer auf den einen allumfassenden Plan Gottes.

Hauptsache, man macht sich auf den Weg, das heißt aber, daß man sich nicht in der ersten zu prüfenden Wirklichkeit verfangen und sie absolut setzen darf. Man kann durchaus bei einem Stück Holz beginnen, wenn man es nur unvoreingenommen untersucht. Sollte man dann unerwartet eine Stimme hervortönen hören, darf man sie nicht wie Meister Kirsche im Namen eines vorgefaßten Grundsatzes leugnen.

Carlo Collodi, der seine Erzählung mit einem Holzstück beginnt, gelangt am Ende zum Vater. Jede theologische Beweisführung ist erlaubt, vorausgesetzt daß sie nichts verkürzt. Jede Wahrheit kann als Ansatz dienen, vorausgesetzt daß sie „katholisch" ist, das heißt, daß sie nicht verkürzt, sondern mit allen Folgerungen angenommen und entfaltet wird.

Wer vom Menschen spricht, spricht selbstverständlich auch von Gott, dessen Abbild der Mensch ist. Und wer Gott absichtlich zum Hauptgegenstand seines Diskurses macht, muß unweigerlich auch den Menschen miteinbeziehen, denn das Subjekt ist immer auch Ziel jeder Tätigkeit des Geistes, und das Erkenntnisprinzip wird – welchen Gegenstand man auch zur Erhellung verwendet – selbst erhellt.

Wie man sieht, tadeln wir, auch wenn wir sie kritisch untersuchen, keineswegs die Weise, wie Carlo Collodi in seiner Erzählung vorgeht.

Ehrlich gesagt: die einzige wahre „anthropologische Wende" wurde vom Vater vollbracht, als er vor aller Zeit Christus, den Gekreuzigten und Auferstandenen, als den „Ursprung", den „Erstgeborenen", der „in allem den Vorrang hat" (vgl. Kol 1,18), einsetzte. Am Anfang ist also unser armes, lebloses Holzstück, das aber von der Kraft und Fülle Gottes bekleidet und unfaßbarerweise zur Königswürde erhöht wird. Die „Kleinen" und Carlo Collodi stimmen also miteinander überein.

Gerade aus dieser von der Liebe Gottes gewollten geheimnis-umhüllten „Einmaligkeit" entwickelt sich die wahre Geschichte des Menschen, der nur ganz geringe Chancen hat und doch uner-sättlich in seinen Wünschen und Ansprüchen ist; von sich aus zer-brechlich und doch allmächtig in dem, der ihn stark macht; die Geschichte des Menschen, der zu jeder Niederträchtigkeit fähig ist und doch zur höchsten Höhe aufzusteigen vermag; der sich nicht aufrechthalten kann und doch unterwegs zum Himmelreich ist; der unentwegt in die Irre geht und doch am Ende nach Hause findet.

Nun wissen wir endlich, wer einmal war: „Der Anfang des Buches handelt von mir", antwortet der Menschensohn. Er, der zugleich der Erstgeborene der ganzen Schöpfung und der Eingeborene des Vaters ist, steht gewiß am Anbruch des großen Tages, und die gan-ze Geschichte beginnt mit ihm. Durch ihn ist alles geschaffen, in ihm hat alles Bestand. Durch ihn steigt all unsere Erkenntnis auf zu Gott, der im unvergänglichen Licht wohnt; von ihm kommt je-des wahre Verständnis für den Menschen und seine Bestimmung.

Erstes Kapitel

Wie Meister Kirsche zu einem Holzscheit kam,
das wie ein Kind weinte und lachte.
Oder

Die Überraschung eines
Materialisten

Meister Kirsche ist ein Mann ohne Grillen unter der Perücke. Er tut seine Arbeit und läßt sich nicht verleiten zu Überlegungen, die sein Interesse über das, was er sieht und was er berührt, hinauslenken möchten.

Er fragt nicht einmal, von wo dieses Stück Holz, das, wie er sagt, *ihm gerade recht komme,* herstammen könnte. Es scheint ihm wohl eine überflüssige Frage.

Ein Stück Holz ist für ihn ein Stück Holz, *wie man es im Winter in die Öfen und Kamine legt, um Feuer anzumachen und die Zimmer zu heizen.*

Deshalb kann es keine andere Bestimmung haben. Wenn es aber *ein Tischbein* wird, ist es in den Augen eines Menschen, der mit beiden Beinen auf der Erde steht wie Meister Kirsche, zweifellos ein Glückspilz. Dieser Plan ist das Höchste an Phantasie und Wagemut, das unserem biederen und vernünftigen Tischler geboten scheint.

Als Mann mit festen Grundsätzen und gesundem Menschenverstand mag er – ohne irgendjemandem zu nahe treten zu wollen – als die leibhaftige Verkörperung jedes gesunden und wissenschaftlichen Materialismus betrachtet werden.

Die Prinzipien aller Meister Kirsches sind klar und unbestreitbar. Wir nennen einige davon.

Erstens: Nur was man sehen und was man anfassen kann, ist wahr; alles Übrige ist Blendwerk, Betrug, Aberglaube, überflüssiger Zusatz.

Zweitens: Nur was seit je geschehen ist, kann geschehen; wenn sich etwas anderes ereignet hat als das, was immer geschehen ist, heißt

das, daß es sich nicht ereignet hat.
Drittens: Ein Stück Holz ist nur ein Stück Holz.

Mit diesen schönen Grundsätzen – die unser Meister Kirsche niemals in Frage stellen läßt, denn das würde für ihn bedeuten, die
Sonne selbst anzuzweifeln – fällt er mit dem Hintern auf den Boden: *Sein Gesicht war ganz verstört, und sogar seine sonst immer blau-
rote Nasenspitze war jetzt vor Schreck dunkelblau angelaufen.*

Am Anfang möchten wir gleich einen Vorbehalt gegen den dritten
Grundsatz anmelden, weil dieser so einleuchtend zu sein scheint,
daß er sogar mit dem Identitätsprinzip zusammenfällt. Betrachtet
man ihn aber näher, überzeugt er nicht: Jedes Dasein, für sich allein
betrachtet, ohne daß man seine Verbindung mit der Gesamtwirk-
lichkeit und die Aspekte erfaßt, die seine scheinbaren Grenzen überschreiten, ist trügerisch oder bestenfalls abstrakt. Keiner lebt für sich
allein, denn alle sind Teil des einzigen Ganzen, das wahrhafte und
volle Wirklichkeit ist. Und diese Teilhabe macht die Einzelteile notwendigerweise zu mehr als dem, was sie sind.
Ein Stück Holz, für sich allein betrachtet, ist weniger als ein Stück
Holz, denn eine solche Betrachtungsweise erfaßt nicht den Zusammenhang mit dem Ganzen – eine Verbindung, die immer besteht –, noch wird sie sich aller virtuellen Möglichkeiten bewußt,
die der Gegenstand aus dieser lebensnotwendigen Eingliederung
ableitet. Andererseits ist ein Stück Holz, als Teil des lebendig verbundenen Ganzen betrachtet, mehr als ein Stück Holz, und seine
virtuellen Möglichkeiten sind nicht vorherzusehen.
Meister Kirsches vorherrschende Philosophie ist die Ursache der
zahllosen schweren Verirrungen, die heute die vom Szientismus
und Physizismus verseuchte Welt heimsuchen. Zum besseren Verständnis nennen wir einige Beispiele: eine Medizin, die die Leber
heilen will, als sei diese eine vom übrigen Organismus völlig un-
abhängige Kranke; eine Gesellschaft, die vorgibt, ein Kind erziehen zu können, indem sie es der Familie entfremdet; eine soziologische Lehre mit der Überzeugung, daß ein Mensch noch ein
Mensch sein kann, nachdem man ihn aus der Gemeinschaft ausgeschlossen und seiner Traditionen beraubt hat; ein christlicher

Denker, der eine Wahrheit, für sich allein betrachtet und getrennt vom Konzert aller im lebendigen Glaubensgut gesammelten Wahrheiten, herausstellen will: Alle diese Einfälle sind eines Meisters Kirsche und seiner Prinzipien würdig.

Ganz zu schweigen von den Verblendungen, die sich auf die Seinsstruktur selbst beziehen, wenn man meint, ein Geschöpf erfassen zu können, ohne daß in diese Erkenntnis der Schöpfer einbezogen wird, mit dem ja alles Geschaffene immer ontologisch in Wechselbeziehung steht.

Jede partielle Existenz ist wahrhaftig sie selbst, wenn sie in dem „einen Ganzen" gesehen wird, in dem sie geplant und gewollt wurde. Und weil sie zu dem „einen Ganzen" gehört, ist sie mehr als sie selbst.

Jetzt sehen alle, daß auch der zweite Grundsatz nicht aufrechtzuerhalten ist: Wenn alles Leben auf das „eine lebendige Ganze" ausgerichtet, also keine autarke Monade ist, kann niemand die virtuellen Wirklichkeiten des andern ermessen oder vorhersehen, und Überraschungen sind immer möglich.

Der erste Grundsatz ist in sich widersprüchlich, weil die absolute, allgemein feststehende Form, in der er formuliert ist, ihn absichtlich zu einer bevorzugten Wahrheit machen soll; einer Wahrheit, die sich nicht als etwas durch die Sinne Nachweisbares präsentiert, wodurch der Widerspruch zum Behaupteten offenkundig ist.

Hätte man Meister Kirsche gesagt, daß dieses *ganz gewöhnliche Stück Brennholz* nach vielen Mißgeschicken ein *wohlerzogener kleiner Junge* werden sollte, wäre ihm vor Empörung die Luft weggeblieben. Denn er war ja schon, als er das lachende, aus dem Holz hervortönende Stimmchen gehört hatte, vor Schreck *wie vom Blitz getroffen umgefallen.*

Am Anfang der Welt hätte kein Meister Kirsche – wenn er in der Schar der himmlischen Geister das Schauspiel hätte genießen können – die Zukunft vorausgesehen. Und beim Auftritt des Menschen hätte er höchstens die Hypothese der Ankunft einer besonderen Affenart aufgestellt, die sich von den Vierfüßlern morphologisch unterscheidet, aber eine ähnliche Bestimmung hat. Der Homo sapiens wäre für ihn eine schöne Überraschung gewesen.

Der Mangel der Materialisten besteht aber eigentlich nicht in der Logik, sondern in der Vorstellungskraft. Mehr als die Vernunft überfordert sie die Phantasie. Die wahre Geschichte der Welt übersteigt sie.

Es gibt viele gute Gründe, die Evolutionshypothese ernst zu nehmen. Ja, sie könnte sogar für eine sichere Überzeugung gehalten werden, wenn wir eindeutig die Möglichkeit ausschließen könnten, Gott vergnüge sich ein wenig auf unsere Kosten. Das heißt, wir müßten sicher sein, daß Gottes Humor das Schauspiel der kosmischen Geschichte nicht als eine den Engeln an ihrem freien Nachmittag vorgeführte Komödie inszeniert. Zu diesem Zweck könnte er die Erdschichten mit Kieferknochen, Schädeln, Schienbeinen und aller Art von Überbleibseln bestückt haben, die Lebewesen gehören, die sich nie erträumten zu existieren, als wolle er die Cherubim mit der Betrachtung der einfallsreichen Rekonstruktionen erfreuen, die wir mit ausgefeilten Methoden der Wissenschaft daraus entnehmen. Es ist ein Verdacht, den – strenggenommen – weder die Wissenschaft noch die Philosophie zerstreuen können.

In jedem Fall, Scherz beiseite, können wir sagen, daß Meister Kirsche, wenn es eine Evolution gegeben hat, eine Riesenüberraschung erlebt. So sehr er sich müht, das unbezähmbare Stück Holz in die Schranken seiner gewöhnlichen Bestimmung zu weisen, es gelingt ihm nicht. Das Stück Holz weigert sich, dem Brennholz gleich zu sein.

In dem komplexen, aber doch homogenen Entwicklungsprozeß des Kosmos ist der Mensch offensichtlich ein Umstürzler. Er taucht aus einem Batzen Materie auf, der sich vom allgemeinen Lauf der Dinge nicht mitreißen läßt, wächst und entwickelt sich nach einem bisher unbekannten, einzigartigen, launenhaften Muster. Mit seinem Auftauchen ist die „Harmonie" der Natur für immer zerstört und jedes ökologische Gleichgewicht zu jeder Zeit gefährdet.

Der Mensch wird aus einer Handvoll lebendiger Materie geboren, die sich auf eigene Faust entwickelt hat. Diese Entwicklung geht unaufhörlich weiter und stellt die blinde, taube und langweilige Ordnung der sogenannten Natur in Frage. Derjenige, der weiß, daß der Geist existiert, wundert sich nicht. Aber einem Menschen wie Meister Kirsche bleibt die Luft weg, und er kommt zu der materialistisch äußerst heterodoxen Hypothese: *Ob sich jemand darin verborgen hat? Soll das heißen, daß es nicht wahr ist, daß ein Stück Holz nur ein Stück Holz ist?*

Aber sein gesunder Menschenverstand siegt am Ende und diktiert ihm die Grundregel aller Menschen seinesgleichen: *Ich kann es nicht glauben.*

Es muß doch, denkt er, einen annehmbaren Grund für diese unvorgesehene Anomalie geben, die einen Augenblick lang seine bisher geordnete und heile Welt erschüttert hat: *Dann schaute er unter die Bank – nichts; er suchte in einem Schrank, der er immer verschlossen hielt – nichts; er untersuchte den Korb mit Holzwolle und Sägespänen – nichts. Dann machte er die Ladentür auf, um auch auf der Straße nachzusehen – wieder nichts. Oder sollte etwa? ...*

Ich hab schon verstanden, sagte er kichernd ... Er hatte weder verstanden, noch hatte er Grund sich zu freuen. Denn er besteht darauf, nur den einen Weg zu gehen, das heißt, alles in die Dimensionen einer materialistisch glaubhaften Wirklichkeit einzufügen und die wahre Unterschiedlichkeit der Dinge zu leugnen: Alles ist gleich, alles paßt in die Schemata, der Geist ist zu launisch und wird verworfen. *Es ist ein ganz gewöhnliches Holzscheit für den Kamin wie alle anderen auch, und wenn man es ins Feuer wirft, kann man sich damit einen Topf Bohnen kochen.*

Aber es ist ein Weg, der ihn nicht weit führt, ja er führt ihn dahin, daß er am Ende auf dem Fußboden landet.

Zweites Kapitel

*Meister Kirsche schenkt seinem Freund
Geppetto das Stück Holz. Geppetto nimmt es
mit, weil er sich daraus einen wunderbaren
Hampelmann schnitzen will, der tanzen und
fechten und Luftsprünge machen kann.*

Oder

Die ewige Wurzel
unseres Daseins

An dieser Stelle erscheint Geppetto, der zwar nur in den ersten und letzten Kapiteln des Märchens auftritt, aber mit Pinocchio und der Fee zu den Hauptfiguren zählt. Ja, von ihm geht die ganze Geschichte aus, zu ihm führt sie hin und mit der Rückkehr zu ihm endet sie.

Er wird uns als ein *recht rüstiger Alter* mit einer *maisgelben Perücke* geschildert, die ihm *den Spitznamen „Maisbrei"* eingebracht hatte, der ihn richtig auf die Palme bringen konnte, denn er war sehr reizbar. Er ist auch ein Handwerker, der Holz bearbeitet. Kurz und gut, er ähnelt Meister Kirsche sehr und scheint in allem zu seiner Welt zu gehören und dasselbe Format zu haben. Man könnte die beiden, träfe man sie zusammen auf der Straße, kaum voneinander unterscheiden.

Und doch besteht ein himmelweiter Unterschied zwischen der Ökonomie des Märchens und seiner Bedeutung, denn Geppetto nimmt schließlich die Stelle Gottes ein.

Die große Ähnlichkeit der beiden Figuren kann uns etwas lehren: Geppettos Unbeholfenheit, sein Aussehen und sein linkisches Verhalten, seine Verletzlichkeit und die scheinbare Gleichartigkeit mit Meister Kirsche erinnern uns daran, daß Gott gerade so mit der Berufung Abrahams in der Geschichte aufgetaucht ist, denn er hat sich wie einer der vielen Stammesgötter vorgestellt; sie weisen uns darauf hin, daß die Idee von Gott heute noch genau so die Straßen der Welt durchzieht. Der Theismus ist zerbrechlich, zaghaft und unsicher und wird manchmal ungünstig dargestellt, in gewissen Fällen mit ausgeklügelten Beweisführungen verteidigt, die eher zum Atheismus verleiten. Darin gleichen sich Theismus und Atheismus: Beide haben oft ungeschickte Vertreter, werden mit schwachen Argumenten verteidigt und langweilen am Ende eher, als daß sie überzeugen.

Abgesehen von der äußeren Ähnlichkeit, sind die beiden Gestalten unendlich weit voneinander entfernt. Einem Stück Holz gegenüber sind ihre Reaktionen grundverschieden. Meister Kirsches Ansichten sind die gewohnten: Ihm fällt nichts Besseres ein, als es zu verheizen, um *einen Topf Bohnen damit zu kochen* oder bestenfalls *ein Tischbein daraus zu machen.* Geppettos Pläne hingegen sind so kühn, daß wir – gewöhnlich Meister Kirsches farblosem Denken näher – nur staunen können: Er will einen *wunderbaren Hampelmann* daraus machen, *der tanzen und fechten und Luftsprünge machen kann.* Man braucht viel Vorstellungskraft und großes Vertrauen in die eigenen handwerklichen Fähigkeiten, um zu glauben, daß man aus einem unbeweglichen Stück Holz eine so lebendige und lebhafte Persönlichkeit freilegen könne, so wie es einer göttlichen Sicht bedarf, um in der Beschränktheit und Stumpfheit der Materie die unbegrenzte, leuchtende Zukunft des Geistes wahrzunehmen.

Geppetto hat von seinem ersten Auftritt an einen festen Plan im Kopf: *Ich habe mir gedacht, daß ich mir einen schönen Hampelmann schnitzen könnte.* Pinocchio ist also nicht die Frucht eines Zufalls. Er wurde ersehnt und gewollt, noch bevor er existierte. Ja, er existiert gerade durch diesen wohlüberlegten Entschluß.
Das ist keine Randbemerkung. Ich würde sogar sagen, daß die Frage, ob der Mensch das Ergebnis des zufälligen Zusammentreffens von Kräften ohne Seele ist, oder ob am Anfang seines Daseins eine bewußte Absicht steht, gegenüber allen anderen Vorrang hat und untersucht werden muß. Es ist mir ganz und gar unverständlich, wie ein vernünftiger Mensch wissenschaftliche, wirtschaftliche und psychologische Probleme lösen will, noch bevor er eine Antwort auf diese Frage gefunden hat. Hier könnte man wahrhaftig von Selbstentfremdung sprechen.

Viele verbohren und verkapseln sich in solche Forschungen, weil sie die „vorrangige Frage" für unlösbar und deshalb für vergeblich halten. Aber in diesem Fall ist die Selbstentfremdung nicht geringer, sondern um so tiefer.

Um so mehr, als die Frage des Ursprungs heute notgedrungen zur Grundfrage des Lebens wird: Wenn ich davon überzeugt bin, daß meine menschliche Geschichte zufällig begonnen hat, kann ich auch ihre weitere Entwicklung dem Zufall überlassen, denn ich habe absolut keinen Grund, es nicht zu tun. Ich sehe nicht ein, warum ich mich mit meiner Vernunft und meinem Willen auf ein Abenteuer einlassen soll, das ohne das Zutun irgendeiner Vernunft und eines Willens in Gang gesetzt wurde. Wenn ich nach einem Plan entstanden bin, dann hat mein Dasein einen Sinn. Bin ich nicht nach einem Plan entstanden, dann bleibt mein Dasein dem Zufall überlassen.

Der Plan kann nur ewig sein, denn Gott kann nicht übertroffen werden. Alles in ihm ist schon immer da, ohne Evolutionen oder Sukzessionen.

Meine Präexistenz im ewigen Plan bestärkt mich in der Hoffnung, für ein Leben ohne Ende bestimmt zu sein, denn die beiden Enden des Abenteuers, die „Protologie" und die „Eschatologie", das heißt Anfang und Ende, sind im wesentlichen korrelativ. Wer nicht in irgendeiner Weise von Ewigkeit her existiert, kann in der Ewigkeit keinen Platz finden und muß vergehen. Und wer in gewisser Weise sein Dasein in der Ewigkeit verankert, ist dazu bestimmt, ewig zu leben. Gottes Plan ist die notwendige, ewige Wurzel des Menschen. Es ist zwar ein von Ewigkeit her bestehender Plan, aber doch geheimnisvollerweise frei gewollt. Nichts im göttlichen Wesen macht ihn notwendig. Im Gegenteil, der Entschluß, den Menschen ins Leben zu rufen, ist so frei, daß er in gewisser Hinsicht unvernünftig erscheint. Unser Ins-Dasein-Kommen kann von uns aus nicht überzeugend begründet werden.

Warum Gott die unendliche, ihn vom Nichts trennende Entfernung überbrücken wollte, warum er nicht mit seiner Unermeßlichkeit zufrieden war und das Leben über seine grenzenlose vollkommene innere Freude hinausströmen lassen wollte, und wie er uns in einem schon mit seiner Unendlichkeit gefüllten Raum Platz schaffen konnte, so daß wir mit unserer geringen Freiheit in seiner grenzenlosen Freiheit bestehen können – das ist das erste und vielleicht größte Rätsel, auf das man stößt, wenn man über das Wesen der Dinge nachdenkt.

In der Tat ist das eigentliche Geheimnis des Universums nicht die Existenz Gottes. Wenn etwas existiert, kann es nur das Absolute sein. Das eigentliche Geheimnis des Universums ist mein Dasein, das heißt die Existenz von etwas anderem als dem Absoluten, etwas von ihm Verschiedenen.

Angesichts des Menschen – des Glaubenden oder Nichtglaubenden – muß man sich die eine oder die andere dieser beiden Fragen stellen. Warum wollte Gott sich diesen schönen Hampelmann schnitzen, der *tanzen, fechten und Luftsprünge* machen kann? Oder: Warum konnte aus der ahnungslosen Materie dieses Lebewesen entstehen, das sich seiner selbst zu sehr und zu schmerzlich bewußt ist?

Alle diese Fragen lassen, strenggenommen, nur trügerische oder ausweichende Antworten zu. Über die Gründe, die unser Dasein bestimmt haben, tappen wir – Glaubende oder Nichtglaubende – ebenfalls im Dunkeln.

Das Dunkel der Hypothese, das in der zweiten Frage impliziert ist, ist jedoch bleiern, drückend und mißt unserem Dasein keinen Wert bei.

Die Idee eines Gottes, der erschaffen will, übersteigt zweifellos jedes Begreifen, aber es ist ein Dunkel, das das Dasein erhellt. Der Schöpfer bleibt verborgen und unverständlich, aber ich werde davon erhellt. Gottes Handeln hat meiner Ansicht nach kein wahres Warum, aber mein Leben bleibt nicht ohne Sinn. Das Geheimnis der ewigen Wurzel meines Daseins selbst bleibt unerforschlich, aber es strahlt auf alle Dinge aus und ist für meinen Geist ein erster wahrer Grund zur Freude.

Es ist die Freude zu wissen, daß ich schon immer, von Ewigkeit her, erkannt und gewollt worden war.

Die für uns unausweichliche Erfahrung, daß wir uns relativ, zufällig, nebensächlich vorkommen, lastet auf uns wie ein Alptraum.

Es ist für uns beängstigend, unbekannten Mächten ausgeliefert zu sein, die uns ebensowenig kennen – „gelidis sub astris". Das Wissen um den Plan Gottes ist das Ende dieses Alptraums. Es ist die Freude zu wissen, daß ich nicht durch die Laune anonymer Mächte, denen ich gleichgültig bin, lebe, sondern aufgrund eines transzendenten Willens, Gemeinschaft zu bilden, der der Urgrund von allem ist.

Dennoch bleibt das Gefühl der Vorläufigkeit bestehen, das heißt das Bewußtsein, immer über dem Abgrund des Nichts zu schweben, von dem wir herkommen. Aber dieses Gefühl erwächst nicht mehr aus der Zufälligkeit des Daseins, sondern aus der souveränen Freiheit eines Gottes, der entschlossen war, zu erschaffen: „*Ich habe mir gedacht, daß ich mir ... schnitzen könnte.*"

Unsere Vorläufigkeit erregt deshalb keine Angst mehr, denn ich weiß, daß ich an einem Faden hängend über dem Nichts schwebe, aber es ist der feste, dauerhafte Faden der Liebe Gottes, der treu ist.

Drittes Kapitel

*Zu Hause macht sich Geppetto gleich ans Werk,
um sich einen Hampelmann zu schnitzen,
dem er den Namen „Pinocchio" gibt.
Pinocchios erste Streiche*

Oder

Der Schöpfer wird Vater und beginnt zu „leiden"

Geppetto macht sich ohne Zögern an das geplante Werk. Die Erschaffung des Hampelmanns ist reich an unerwarteten Ereignissen, die hier analysiert werden sollen.

Allerdings müssen wir zu Beginn auf eine Besonderheit hinweisen: Der Entschluß zu erschaffen ist von Anfang an mit dem Entschluß, Vater zu sein, verbunden. Bevor Geppetto anfängt, den Hampelmann zu schnitzen, personifiziert er ihn und gibt ihm einen Namen. Und Pinocchio ist noch nicht einmal fertig geschnitzt, da wird er schon entgegen aller vernünftigen Erwartung dazu berufen, Sohn zu sein: *Du ungezogenes Söhnchen.* Wir werden also umgehend davon unterrichtet, daß der von sich aus schon staunenswerte Plan des Schöpfers in Wirklichkeit noch viel verblüffender ist, als er zunächst erscheinen konnte. Pinocchio bleibt Werk der Hände des erfinderischen Handwerkers, aber er erhält die unglaubliche Berufung, mit der unerwarteten Sohneswürde bekleidet in das Leben seines Baumeisters einzutreten. Beide Beziehungen – als Geschöpf und als Sohn – bestehen nun nebeneinander. Aber die hölzerne Natur steht im Widerspruch zur Sohnschaft und will überwunden werden, und eben daraus erwächst der Antrieb und Ansporn zu dieser ganzen phantastischen Geschichte.

Er merkte, daß die Augen sich bewegen konnten und ihn unentwegt anstarrten.
Geppetto schnitzt zuerst die Augen, und schon gibt es Überraschungen. Collodis Beschreibung scheint widersprüchlich zu sein.

33

Wie konnten sie sich bewegen und ihn zugleich unentwegt anstarren? Aber im analytischen Bereich des Geistes enthält sie eine Wahrheit. Die nicht zu befriedigende Suche des Menschen ist auf alle Dinge gerichtet, aber die ursprüngliche Aufmerksamkeit des Herzens ist aus einem manchmal blinden Instinkt heraus Gott zugewandt, manchmal voll Sehnsucht, manchmal sogar in Form eines unterdrückten Grolls oder einer genüßlichen Verneinung.

Der Mund war noch nicht ganz fertig, als er schon anfing zu lachen und ihn zu verspotten.
Zum Unterschied zu Kindern, die weinend auf die Welt kommen und den Vater zum Lächeln bringen, tritt Pinocchio lachend ins Dasein und bringt Geppetto zum Weinen, so daß dieser sich bald die Tränen trocknen muß.
Aber seine Geschichte, wenn sie in der tieferen Bedeutung des Märchens gelesen wird, ist die Geschichte des Menschen. Das herausfordernde, dreiste Lachen gegenüber dem, der uns vorausgeht und uns hält und trägt, ist ein Merkmal des Beginns des bewußten Lebens. Die Versuchung, über alles zu lachen – und an erster Stelle über das, was am Anfang unseres Daseins steht und uns an das Geschenk unseres Lebens erinnert –, ist eine Krankheit des Geistes, die in unterschiedlichem Maß alle Heranwachsenden befällt. Manche werden davon geheilt.

Er spürte, daß er einen kräftigen Hieb auf die Nasenspitze bekam.
Die trotzige, freie Auflehnung gegen den eigenen Urheber begleitet den Weg der Menschheit von Anfang an. Es gibt keine geschichtlich bekannte Epoche, in der der Mensch nicht vom Bösen gekennzeichnet ist.
Das menschliche Abenteuer muß mit einer Katastrophe begonnen haben, deren Natur uns unbekannt ist, aber unzweifelhaft hat es sie gegeben. Was der Glaube über die Ursünde lehrt, ist voller Rätsel, aber noch rätselhafter und unerklärlicher wäre die menschliche Geschichte ohne sie.
Der Mensch ist zugleich Ursprung und Opfer der Mächte des Bösen. Die Sünde, die aus dem Geheimnis der Freiheit erwachsen ist, ist so allgegenwärtig, daß wir sogar versucht wären, sie als unserer

Natur innewohnend anzunehmen, wenn diese an sich vernünftige Hypothese mit der Gewißheit vereinbar wäre, daß der einzige
Schöpfer ein gütiger Gott ist.

Die Lehre von der Erbsünde – dieser gehaltvolle Wein, den viele
jeden Tag mehr verwässern wollen – bezieht ihre Kraft gerade aus
der Tatsache, daß es die einzige Weise ist, das uns angeborene und
in uns immer gegenwärtige Böse zuzugeben, ohne deshalb zu ver-
neinen, daß alles seinen Ursprung im absoluten Guten hat. .

Ich hätte eher daran denken sollen!
Es ist erschreckend und unverständlich, daß der Urheber aller Dinge sein Schöpfungswerk bedauern soll. Und doch muß es im uner-
forschlichen Geheimnis Gottes etwas geben, das dieser „Reue" entspricht. Einen Widerhall davon finden wir auch in der Heiligen
Schrift: „Da reute es den Herrn, auf der Erde den Menschen gemacht zu haben, und es tat seinem Herzen weh" (Gen 6,6).
Diese Worte wollen uns wahrscheinlich zu verstehen geben, wie
groß das göttliche Entsetzen über die Verletzung der Moral ist. Und
wir werden zugleich zum Nachdenken angeleitet, wie absurd die
Befindlichkeit des Menschen ist, der sich seinem Schöpfer gegenüber feindlich verhält. Denn sie steht im Widerspuch zur im-
manenten Zielsetzung des Schöpfungsaktes, eine Liebesbeziehung
zwischen Geschöpf und Gott aufzubauen.

Jetzt ist es zu spät
Warum ist es zu spät? Was hält Geppetto davon ab, das Werk seiner
Hände zu zerstören? Was hindert Gott daran, den sich auflehnenden Menschen der Anziehungskraft des Nichts zu überlassen?
Scheinbar ist der Herr nicht einmal auf diesen Gedanken gekommen, denn er will erschaffen und nicht zerstören. Das Nichts ist
der Ausgangspunkt für das allmächtige Handeln Gottes, aber es ist
niemals das Ziel.
Es gibt also eine absolute und unabdingbare Treue in der Schöp-
fungsinitiative. Das ist für uns sehr tröstlich und ein wirksames
Mittel gegen die häufigen Ängste, die uns aufgrund des Gefühls
unserer Vorläufigkeit befallen. Darum halten wir es auch für unwahrscheinlich, daß diejenigen, die in der Verdammnis enden, das

Nichts als Ende ihrer Tragödie haben sollen. Es scheint, daß Gott sich weigert, die Vernichtung als eine mögliche Lösung der unlösbaren Probleme, die aus dem Menschen und seiner Freiheit erwachsen, zu erwägen.

Geppetto nahm ihn an der Hand und lehrte ihn, wie man einen Fuß vor den andern setzt.

Denkt man nicht unwillkürlich an die Worte des Propheten: „Ich war es, der Efraim gehen lehrte, ich nahm ihn auf meine Arme. Sie aber haben nicht erkannt, daß ich sie heilen wollte" (Hos 11,3)?

Gott setzt seine Geschöpfe nicht mit der Leichtfertigkeit eines Don Giovanni in die Welt, der sich um seine da und dort verstreuten Kinder nicht kümmert. Der Entschluß zu erschaffen ist ein Geheimnis, kann aber nur ein Geheimnis der Liebe sein und will eine Beziehung zwischen Schöpfer und Geschöpf aufbauen, ja beinahe den Anfang zu einer gegenseitigen Einwohnung setzen.

Wenn das Schöpfungswerk ein freigewolltes und unvorhergesehenes Ereignis ist, sind Bewahrung und Vorsehung seine notwendigen Implikationen. Wir konnten nicht erwarten, daß Gott in seiner Einzigartigkeit auch anderen das Leben mitteilen würde. Aber nachdem dieser Wille bekannt ist, dürfen wir hoffen, daß er sich von Anfang an für unsere Geschichte interessiert und an ihr mit der fürsorglichen Aufmerksamkeit eines Vaters teilnimmt, der sein Kind langsam heranwachsen sieht, ihm hilft und es zur vollen Reife führt.

Die Hypothese eines Gottes, der erschafft und sich dann nur um seine eigenen Angelegenheiten kümmert, ist so unvernünftig, daß nur Männer, die den ausschließlichen Kult der Vernunft pflegen, sich dafür begeistern konnten. „Ich kann Descartes nicht verzeihen", schrieb Pascal zutreffend, „er wollte gewiß in seiner ganzen Philosophie ohne Gott auskommen, aber er war gezwungen, der Welt einen Stoß geben zu lassen, um sie in Gang zu bringen. Danach wußte er mit Gott nichts mehr anzufangen."

Ebensowenig sind in der Regel Scherze über „Gott, den Lückenbüßer", das heißt über die Gottheit, die angerufen wird, um die Fehler des menschlichen Denkens und Handelns gutzumachen, angebracht. Der Gott, der als „Lückenbüßer" erscheint, ist nicht der,

der immer, überall und bei jedem Blätterrascheln da ist: Das ist der einzige und lebendige Gott. „Gott der Lückenbüßer" ist der, den man gelegentlich zu Hilfe ruft: Er ist der Gott der Deisten.

Und der Gott der Deisten, das heißt der Gott, der nur als Antriebsmotor der kosmischen Maschinerie hinzugezogen wird, hat keine Existenzberechtigung. Aber der Gott des einfachen Menschen, das heißt der Gott, der Regen bringt, die Sonne aufgehen läßt, das Gras auf der Wiese wachsen läßt, die Ernte reifen, unser Herz schlagen läßt, ist kein „Lückenbüßer", denn in dem Universum, das mit seiner unendlichen Fülle ausgestattet ist, gibt es keine Löcher zu stopfen.

Er nahm ihn an der Hand

Wir gehen mühsam, taumeln wie Betrunkene, unser Weg ist voller Biegungen, so daß wir am Ende die Geduld und die Hoffnung verlieren.

Von ihren Anfängen an scheint die Menschheit den Weg der Grausamkeit und der Torheit zu gehen. Und doch ist einer da, der sie an der Hand nimmt und führt, so daß am Ende alles einen Sinn hat, auch das, was an und für sich der reinste Wahnsinn wäre.

Aber die Hand der Vorsehung ist unsichtbar für den, der ausschließlich seinen eigenen Augen traut. Gottes Gegenwart in der Geschichte ist mehr eine Glaubenswahrheit als eine meßbare Erfahrung. Sie ist eine überrationale Wahrheit und die einzige, die das absurde Wirrwar der Geschehnisse vor einem ausweglosen Irrationalismus retten kann.

Einen Fuß vor den andern setzen

Der Weg zum Licht ist meist schwer zu gehen, und der Mensch schreitet nur allmählich voran. „Die Philosophen", sagt Thomas von Aquin, „gingen den Weg der Wahrheit *pedetentim* (Schritt für Schritt)." *Pedetentim:* Jeder Schritt ist nicht nur eine Errungenschaft des menschlichen Geistes, sondern ein Geschenk der ewigen Wahrheit.

In entgegengesetzter Richtung laufen wir von allein und so schnell wir können.

Als sich die Beine gelockert hatten, begann Pinocchio von allein im Zimmer hin und her zu gehen und zu laufen. Dann schlüpfte er durch die Tür, sprang auf die Straße und nahm Reißaus.

Kaum ist der zum Sohn-Sein berufene Hampelmann imstande, aufrechtzustehen und zu gehen, verläßt er das Haus.

Die erste selbstständige Handlung des Menschen besteht oft darin, daß er sich vom Vater entfernt. Die Liebe dessen, der ihm das Geschenk des Lebens gegeben hat, empfindet er als eine solche Last, daß er meint, sobald er sich ihr entzogen habe, die Vollreife erlangt zu haben. Erwachsensein bedeutet für ihn, endlich ohne Gott auskommen zu können.

Manch einer hält die Kirche für das große Hindernis gegen die Religion des Menschen. Ein anderer glaubt, es seien die politischen Entscheidungen der Kirche oder die Diener der Kirche oder die mangelnde Anpassung der Männer der Kirche an den Wandel der Mentalität und der Sitten oder die unverständliche Ausdrucksweise der Verkündigung.

So mancher meint, es sei für einen Kant-Anhänger unmöglich, Christus als den ewigen Sohn Gottes, den Herrn und Erlöser der Menschen, zu akzeptieren.

Und alle diese Überzeugungen enthalten ein Körnchen Wahrheit, aber sie sind zu optimistisch. Das, was dem Menschen vor allem und mehr als alles andere eine Last ist und die Religion so beschwerlich macht, ist der Vater. Das, was unangenehm und schwierig ist, ist die Pflicht, „wie Kinder zu werden".

Sogar professionellen Propheten wie Jona kann es passieren, daß sie sich vornehmen, „nach Tarschisch zu fliehen, weit weg vom Herrn". Gott ist dem Menschen oft lästig, mehr alles andere.

Das dritte Kapitel wird fortgesetzt

Oder

Gott und die weltliche Macht
unter den Menschen

Der Hampelmann, der nach seiner Fertigstellung das Vaterhaus
verlassen hatte, stößt gleich darauf mit den Ordnungskräften zusammen. Ein entschlossener, mutiger Polizist, der zuerst gemeint
hatte, ein Fohlen sei seinem Herrn durchgegangen, und er müsse
das Tier abfangen, packt ihn an seiner langen Nase und bringt ihn
zu Geppetto zurück.
Unter dem Druck der öffentlichen Meinung – vor allem von *Neu-
gierigen* und *Müßiggängern* dargestellt –, die um so rascher mit Urteilen bei der Hand ist, je weniger sie die Tatsachen kennt, setzt
der Polizist Pinocchio in Freiheit, führt aber Geppetto, wer weiß
für welches Vergehen, ins Gefängnis.

Die Gestalt des Polizisten veranlaßt uns dazu, über die weltliche
Macht nachzudenken, an erster Stelle über die politische Macht,
aber auch über jede andere wirtschaftliche, soziale, informative
Macht.

Der Mensch, der sich vom Vater entfernt hat, begegnet der Obrigkeit.
Die Autorität kommt von Gott, ist aber mit dem Zustand des
Niedergangs verbunden, der eine Folge der Sünde ist. Im Himmelreich wird sie zum Glück ganz überflüssig sein und keinen Platz
mehr haben. Weil sie von Gott kommt, kann man in ihr immer
den Willen des Schöpfers ehren. Aber weil sie in der Sünde ihren
Ursprung hat, zeigt sie ihrem Wesen und ihrer Ausübung nach Spu-
ren des sündebehafteten Daseins.
Jede weltliche Macht hat also unweigerlich etwas Doppeldeutiges
an sich, das erst dann beseitigt ist, wenn alle Herrschaft und Gewalt von Christus unterworfen und aufgehoben wird. Während die
Kirche Vorwegnahme des uns verheißenen neuen Himmels und

der neuen Erde ist, ist der Staat ein Überbleibsel der alten Welt, die vergehen wird.

Kein Wunder also, daß die weltliche Macht die Sprache des Geistes nicht versteht, angesichts des göttlichen Planes verwirrt ist und die Zeichen des transzendenten Willens nicht zu erkennen vermag. Wenn die weltlichen Mächte schärfere Augen gehabt hätten, hätten sie den Herrn der Herrlichkeit nicht gekreuzigt.

Von Anfang an wollten die vielen Herodes, der Hohe Rat, Pontius Pilatus und alle ihre legitimen Nachfolger das Wort Gottes zum Schweigen bringen und die Initiative des Vaters unterbinden.

Die Situation änderte sich auch in der Zeit Konstantins nicht. Man kann leicht feststellen, daß die frommen christlichen Kaiser zur Zeit der trinitarischen und christologischen Häresien die besondere Gabe hatten, sich angesichts zwei verschiedener Möglichkeiten auf Anhieb für die irrgläubige zu entscheiden. Beinahe alle römischen Kaiser, Konstantin, Konstanz, Valentius, Arcadius, Justinus usw., beweisen mehr oder weniger deutlich dieses merkwürdige Gesetz der Kirchengeschichte.

Das Konzil von Chalcedon konnte erst gefeiert und der Monophysitismus erst besiegt werden, nachdem Kaiser Theodosius II. von einem Pferd aus den Sattel geworfen worden war, das im Unterschied zu seinem Herrn ein überzeugter Anhänger des rechten Glaubens gewesen sein muß.

Diese Bemerkung gilt für jede weltliche Macht, sie gilt vor allem für die Wirtschaftsmacht, der es schwer fällt, die Menschen von den Dingen zu unterscheiden und die sich nicht bewußt ist, daß alle Produzenten und Konsumenten in erster Linie für das Himmelreich bestimmte Kinder Gottes königlichen Geschlechts sind. Es gilt für die Macht dessen, der über Informationsmittel verfügt und unter den Nachrichten auch die Stimme der Wahrheit zu ersticken versucht, aber selten die Kraft hat, das, was wahr, aber uninteressant ist, hervorzuheben, oder auf das, was nur interessant, aber unwahr ist, zu verzichten. Es gilt für den, der durch die Errichtung von Klassen die menschliche Arbeit regelt und oft dazu neigt, Gerechtigkeit mit Eigeninteresse zu verwechseln.

Alle diese Mächte hungern unweigerlich nach Beifall, wie Jesus mit tragischem Humor bemerkt: „Die Könige herrschen über ihre Völker und die Mächtigen lassen sich Wohltäter nennen" (Lk 22,25). Und alle sind versucht, ihnen Beifall zu spenden und sie ungebührlich zu loben.

Wenn wir eine einfache Verhaltensregel gegenüber den weltlichen Mächten finden wollen, ist zunächst klarzustellen, wer das Subjekt dieser Beziehung ist. Denn die Linie der Kirche als solcher unterscheidet sich von der des einzelnen Gläubigen.

Die Kirche darf sich von den weltlichen Mächten keinen Vorteil erwarten. Jede Berechnung in dieser Hinsicht muß unweigerlich fehlschlagen.

Soweit die Kirche vermag, soll sie ihre Optionen für einen Staat bekunden, der wahrhaftig und in gesunder Weise „säkularisiert" ist, das heißt, daß er die offensichtlichen und vorrangigen Werte des menschlichen Zusammenlebens schützt, aber an keine Konfession, an keine besondere Kultur und an keine Ideologie gebunden ist. Und das aus zwei Gründen: Weil die Zugehörigkeit zu einer Staatsgemeinschaft notwendig und deshalb der freien Entscheidung des einzelnen entzogen ist, garantiert der säkularisierte Staat allen vollen Rechtsschutz, so daß sich keiner auf Grund des Glaubens, der Kultur oder Ideologie als Staatsbürger zweiten Ranges zu fühlen braucht. Und weiter aus dem Grund, daß, wenn das in Bezug auf die Beschränktheit der weltlichen Macht gegenüber dem Plan Gottes Gesagte wahr ist, für den Staat die Redlichkeit und Unparteilichkeit die einzige Weise ist, um sich nicht unweigerlich für die falsche Seite zu entscheiden.

Die Kirche, die als solche weiß, daß „jede Autorität von Gott kommt", auch die brutalste, und daß jede, auch die gerechteste und beste, uns als Folge der Sünde gegeben ist, soll prinzipiell nach Möglichkeit jede Auseinandersetzung und jeden Zusammenstoß mit der weltlichen Macht vermeiden, abgesehen vom moralischen Urteil, das über diese und ihr Verhalten gefällt werden kann. Sowohl der offene Krieg als auch die ausdrückliche Befürwortung würden die Kirche dazu zwingen, sich auf eine Ebene zu stellen, die nicht die ihre ist. Manchmal muß es trotzdem geschehen, aber immer mit dem Unbehagen dessen, der von seinem eigenen und vorrangigen Ziel abgewichen ist, und mit der Vorsicht dessen, der außer Haus spielt.

Andererseits wird die Kirche durch ihre unverzichtbare Lehre, durch die höheren Zielsetzungen, die sie den Menschen ständig in Erinnerung bringt, durch die neue Logik, die aus dem Glaubensakt erwächst und alle Bereiche des menschlichen Tuns erfaßt, und durch ihr Leben selbst – auch ungewollt – ein Stachel im Fleisch jedes unterdrückenden Regimes und eine Verurteilung jeder Form von Tyrannei sein.

„Wo Glaube, da Freiheit". Wer an die Existenz eines ewigen Gottes und an die Herrschaft des auferstandenen Christus glaubt, kann nur mit leichtem Lächeln auf all das schauen, was uns auf Erden als unbestreitbar dargestellt wird und unsere Bewunderung erheischt: Menschen, Systeme, Ideologien, „entscheidende" Ereignisse, „heilige" Bücher, „einmalige" Parteien, „ruhmreiche" Fahnen. Nur durch den rechten Glauben kann man sich vor den Phantasmen und bigotten Verherrlichungen retten und nicht in trostlosem, unfruchtbarem Skeptizismus versinken.

Gerade die Gegenwart der Kirche, das heißt einer „anderen" Wirklichkeit, die echte, absolute und damit absolut unverzichtbare Werte hütet und anbietet, ist der beste Schutz der Freiheit der Person gegenüber der weltlichen Macht und ihres Hangs zur Ungerechtigkeit. Wenn die dunklen Stunden der Gewalt und Diktatur kommen – und in der menschlichen Geschichte gibt es nicht viele helle Stunden –, setzt die Anwesenheit der Kirche (selbst einer weitgehend kollaborierenden Kirche) der Verherrlichung des Gewaltherrschers eine Grenze und bewahrt ein wenig Raum für den Menschen, sei es auch nur durch die Bekräftigung der unabdingbaren Gültigkeit einer transzendenten Norm.

So retten sich die Einfachen. Denn die anderen wenn auch achtbaren Gegner nutzen wenig: Weder die Emigranten (die immer eine irgendwie bevorzugte Gruppe bilden, weil sich die Armen nicht den Luxus des Exils leisten können), noch die heimlichen Widerstandskämpfer (die, gerade weil sie verborgen sind, kein Zeichen der Hoffnung für den Durchschnittsbürger sind), noch die Revolutionäre (die oft noch größere Gauner als die Diktatoren sind), noch die „Historiker" (die dreißig Jahre nach dem Zusammenbruch der angeklagten Regierungen kühn schreiben und streng urteilen) helfen den Durchschnittsbürgern, daß sie nicht der Gefahr erliegen, auch die eigene Seele um des Überlebens willen an die Autokraten zu verkaufen, die alles haben wollen und sich auch noch „Wohltäter nennen lassen".

Dürfen die Anhänger Jesu als einzelne oder als freie Gruppierungen von Gläubigen auch einer Berufung zum politischen und sozialen Engagement folgen, so daß sie weltliche Macht ausüben?
Sie können es, gewiß, und in manchen Fällen wird es für sie zu einer Pflicht, der sie sich nicht entziehen dürfen.
Wer diesen Weg einschlägt, soll ihn mit Eifer bis ans Ende gehen, wobei er sich immer die wesentliche Relativität und Vorläufigkeit jeder irdischen Autorität vor Augen halten und nie vergessen soll, daß es in christlicher Sicht nur eine „rechtmäßige Oberhoheit des Menschen über die Menschen als Dienst am Menschen" gibt. Er wird sich daran erinnern, daß er Christus, dem einzigen wahren Herrn, für alles Rechenschaft ablegen muß, und wird Tag für Tag versuchen, in seinem Handeln dem Ideal der Gerechtigkeit nachzustreben, dessen vollkommene Verwirklichung die „neue Erde" und der „neue Himmel" sein werden.
Wenn er sich dann einem offensichtlich ungerechten und tyrannischen Machthaber gegenübergestellt sieht, schließt der politisch engagierte Christ keine Kompromisse, die eine Bekräftigung bedeuten könnten. Ohne unnötig die Verantwortlichkeit der kirchlichen Gemeinschaft zu belasten, die auch an die schwächeren Mitglieder denken muß, sucht er kein Einvernehmen, das ein Nachgeben bedeuten könnte, weil die Grundsatztreue und die Redlichkeit im öffentlichen Verhalten ein unverzichtbares Erfordernis des vom Glauben erhellten Gewissen ist.

Das Nachdenken über den Polizisten hat uns weit geführt. Inzwischen geht Geppetto traurig ins Gefängnis, nur deshalb schuldig, weil er sein Kind vor dessen Streichen bewahren wollte.

Er schluchzte: „Du mißratener Sohn. Und dabei habe ich mir solche Mühe gegeben, einen anständigen Hampelmann aus dir zu machen! Es ist das Geheimnis Gottes, der „leidet" auf Grund unserer Sünden, nicht auf Grund irgendeines daraus erwachsenen Schadens, sondern auf Grund des unglaublichen Hangs zur Selbstzerstörung, der oft im Verhalten des Menschen zutage tritt.

Viertes Kapitel

Die Geschichte von Pinocchio und der Sprechen-
den Grille, aus der man ersieht, daß böse Kinder
es gar nicht mögen, wenn sie jemand ermahnt,
der mehr von den Dingen weiß als sie.

Oder

Das Geheimnis des moralischen Gewissens

Nachdem Pinocchio durch die Staatsgewalt vom fürsorglichen Druck dessen, der ihn geschaffen hatte, „befreit" worden war, läuft er äußerst vergnügt und zügellos durch die Wiesen und Felder. *Voller Hast setzte er über hohe Böschungen, Dornenhecken und Wassergräben, wie es ein von Jägern gehetztes Böckchen oder Häschen getan hätte.* Er will den Rausch dessen erleben, der absoluter Herr über sich selbst ist und niemandem Rechenschaft über sein Tun und Lassen und seine Launen ablegen muß.

Aber das Band ist noch nicht zerschnitten. Der Lauf endet im Vaterhaus, wo die Sprechende Grille ihn auf den Weg des Gehorsams zurückzuführen versucht. Aber Pinocchio vollendet seine „Befreiung", indem er mit einem Hammerschlag die unbequeme Stimme zum Schweigen bringt.

In der Analyse der Rebellion gegen den Schöpfer durfte die Untersuchung des Geheimnisses des Gewissens nicht fehlen, das durch die Grille sehr einleuchtend dargestellt wird.

Jeder Mensch erfährt durch das moralische Gewissen in seinem Inneren eine Urteilsbildung hinsichtlich des Guten oder Bösen seines Tuns und folglich hinsichtlich seines konkreten an der absoluten Norm gemessenen moralischen Wertes.

Zu Recht spricht man von einem Geheimnis: Das Phänomen des Gewissens scheint wenigstens in seiner Anfangsphase zu einer Art Dualismus im Innenleben des Menschen zu führen, so daß sich in uns scheinbar ein urteilendes Ich und ein dem Urteil unterworfenes Ich unterscheiden und einander gegenüberstehen. Zwei Ich in einem, die oft uneinig sind. Aber diesen Konflikt kann man nicht lange ertragen. Entweder paßt sich das dem Urteil unterworfene Ich rasch den Ansprüchen des urteilenden Ichs an, oder das Urteil des urteilenden Ichs wechselt allmählich seine Farbe und wird zum Freispruch.

Übrigens haben sich in Bezug auf das moralische Gewissen so manche „Torheiten" – natürlich im guten Sinn des Wortes wie „unsachgemäßer Ausdruck" und „Gemeinplatz" zu verstehen – verbreitet, die kritisch zu untersuchen sind.
Eine erste „Torheit" besteht in der Gewohnheit, sich durch die Berufung auf das unanfechtbare Urteil des Gewissens: „Ich folge meinem Gewissen", der Suche nach dem objektiv Rechten zu entziehen, so daß jede tiefere moralische Prüfung von vornherein ausgeschlossen wird.
Eine zweite „Torheit" ist geschichtlicher Natur. Nach ihr stünde fest, daß der Primat des Gewissens, der von der protestantischen Reformation und vom Prinzip der „freien Prüfung" hochgepriesen wird, im Rahmen des rechten katholischen Glaubens eingeschränkt werde, weil die Zustimmung zur Autorität noch wichtiger sei.
Um diese kurz angedeutete Problematik etwas zu erhellen, genügt es, über Pinocchios Abenteuer mit der Sprechenden Grille nachzudenken.
Auch der Name ist bedeutsam. Collodis Buch ist voll von redegewandten Tieren, aber nur der Grille ist das Attribut „sprechend" vorbehalten, um uns gleichsam zu sagen, daß diese Tierart unbedingt sprechen muß. Es ist eine Stimme, die ihrem Wesen nach nicht zum Schweigen gebracht werden kann, es sei denn durch gewaltsame Tötung. Oder um uns vielleicht deutlich zu machen, daß die Grille mit berechtigter Autorität spricht und gehört werden muß, mag der Inhalt ihrer Rede angenehm sein oder nicht. Das heißt, daß das Gewissen im Menschen ein Gericht ohne Widerruf ist, und daß man dem, was es befiehlt, und dem, was es verbietet, immer zu folgen hat. Es gibt keine Autorität über den Befehlen des Gewissens und den Geboten der Vernunft. Man kann sie nicht au-

ßer acht lassen, ohne die eigene menschliche Natur in gewisser Weise zu verleugnen. Das ist seit jeher ein Grundprinzip der katholischen Moral.

Ich bin die Sprechende Grille und wohne in diesem Zimmer seit mehr als hundert Jahren.
Der moralische Imperativ ist von Natur aus überzeitlich, weil er Inhalte anbietet, die, dadurch daß sie sich bemerkbar machen, von allen notwendigerweise immer als bindend empfunden werden. Die sittliche Schwierigkeit entsteht in uns gerade durch die Forderung, die geschichtliche Wirklichkeit, in der wir leben und zu handeln berufen sind, auf eine Norm zu beziehen und ihr unterzuordnen, die als transzendent, die verschiedenen Zeiten und Situationen übersteigend, empfunden wird.
Den Gewissensruf so zu empfinden, als sei er ganz von der Situation abhängig, in die wir und unser Handeln geschichtlich gestellt sind, bedeutet – abgesehen von jeder dialektischen Spitzfindigkeit –, ihn aufzuheben. Wenn er nicht als etwas Absolutes und Ewiges vernommen wird, wird er auch nicht als wirklich bindend aufgefaßt. Die Tötung der Sprechenden Grille ist eine Untat, die außer im Leben eines rebellierenden Hampelmanns auch auf mancher berühmten Seite der für Moral zuständigen Wissenschaften verübt wurde.

Muß das persönliche Gewissen – das für den handelnden Menschen die höchste und unanfechtbare Norm darstellt – außerhalb von sich die Existenz eines objektiven Gesetzes, das es ehrlich und eifrig zu erforschen gilt und mit dem man sich jeden Tag in einer Haltung demütiger Unterordnung zu messen hat, anerkennen oder nicht? Es handelt sich im Grunde darum, ob man im Bereich des sittlichen Lebens eine transzendente Wahrheit, an die man sich gebunden fühlt, anerkennt oder nicht.
Es ist eine Grundfrage, die die gesamte Sicht der Wirklichkeit miteinbezieht. Wer unbewußt das individuelle Gewissen als den Widerschein einer objektiven Norm versteht, auf die man sich beziehen muß, gibt auch unbewußt zu, daß am Anfang von allem Gott ist.

Wer meint, daß das Gewissen es nicht nötig habe, sich auf eine objektive leitende Norm zu beziehen, ist wenn auch unbewußt auf dem Weg des Atheismus, weil seine innere Haltung besagt, daß er außer sich selbst keinen Gott anerkennt. Aber auf diesem Weg wird das moralische Gewissen allmählich ausgelöscht. Denn wenn es Gott nicht gibt, kapituliert das Gewissen sehr leicht und stirbt schließlich ganz.

Nicht umsonst endet in unserem Buch Pinocchios Fortgehen von Geppetto mit der Tötung der Sprechenden Grille. Der Gewissensruf im Herzen des Menschen ist anfangs lebhaft und wirksam, aber seine Intensität und Lebendigkeit schwanken merklich je nach der größeren oder geringeren Kraft des Sinnes für Gott. Eine Moral ohne die Überzeugung, daß es einen persönlichen Gott gibt, kann sich nur mit einer mangelhaften Logik aufrechterhalten, die zwar weit verbreitet, aber auf die Dauer eine zu schwache Stütze ist.

Das innere Drama des Menschen nimmt unvermeidlich das eine oder das andere Ende. Entweder führt das moralische Gebot den Menschen, der zu Beginn unwissend, zerstreut, ja sogar ungläubig war, zur Erkenntnis und Anbetung Gottes, oder die wiederholte Übertretung des inneren Gesetzes drängt ihn langsam aber sicher zur existentiellen Verneinung jedes Wertes und jedes höheren Willens. Wenn sich nicht, das versteht sich, die Standfestigkeit und Unvernunft wandeln, was oft ein unverhofftes Glück sein kann.

Heute ist es mein Zimmer ..., tu mir den Gefallen und mach, daß du fortkommst.

Pinocchio hat gar nicht so unrecht. Die Flucht vor Geppettos überwältigender Fürsorge würde nichts nützen, wenn man dann in der so abenteuerlich eroberten Unabhängigkeit das Echo seiner lästigen Stimme zu hören bekäme. Die Sprechende Grille ist die sinnbildliche Mahnung, daß die „Befreiung" vom Vater nicht so einfach ist, wie man glaubt.

Wahrscheinlich wollte Pinocchio die Grille gar nicht töten: *Vielleicht glaubte er gar nicht, sie treffen zu können.*

Wenn man sie in einen Käfig außen am Balkon einsperren könnte, damit die Nachbarn sie sehen und ihr aufdringliches Zirpen hören, wir aber unsere Ruhe hätten, wären wir alle zufrieden. Aber wenn die Sprechende Grille mit diesem Arrangement nicht einverstanden ist, dann gilt es zu handeln, und ein Holzhammer ist immer zur Hand.

Das Gespräch mit der Grille offenbart langsam das innere Drama Pinocchios und den eigentlichen Grund seines Konflikts mit dem Vater. Er weiß, wenn er nachgibt und den Weg einschlägt, der ihm angeboten wird und der ihn dazu führen wird, ganz „Sohn" zu werden, dann kann er nicht mehr in das Erdenparadies einer rein naturhaften Freude zurückkehren, wo das Ideal in dem Lebensprogramm vorgegeben ist, das der Hampelmann klar vor Augen hat und das zweifellos anziehend ist: *Essen, trinken, schlafen, mich vergnügen und von morgens bis abends ein Vagabundenleben führen, den Schmetterlingen nachlaufen, auf die Bäume klettern und die kleinen Vögel aus den Nestern holen.*
Hier erkennen wir den wahren Beweggrund unseres Konflikts mit Gott und seinem Heilsplan: Das uns gesteckte Ziel erscheint uns zu hoch und zu ausschließlich. Hätte er sich damit begnügt, uns als Lebenszweck die Freude anzubieten, die unserer Bedeutungslosigkeit ensricht, dann hätten wir wohl alle in gutem Einvernehmen mit dem Schöpfer leben können.

Ein Hammerschlag, und die Grille blieb *tot an der Wand haften.* Wie leicht war das! Sie schien eine unsterbliche Stimme zu sein und verstummte auf einmal. Aber wir werden sehen, daß der Tod der Sprechenden Grillen nie endgültig ist. Inzwischen ist Pinocchio allein im Zimmer, wie er gewollt hatte, und es war ihm gelungen, das lästige Zirpen zum Schweigen zu bringen. Wie man sieht, besteht beinahe ein Widerspruch im Moralgesetz: Es ist ewig und vergänglich, ununterdrückbar und äußerst zerbrechlich, bereit, in unserem Inneren gegen uns selbst zu kämpfen und doch bereit, jedem Druck zu weichen.
Ein „Requiem" für die arme Grille. Ihr Tod mahnt uns, daß es trügerisch und vergeblich ist, sich jeden Augenblick auf den Richterspruch des Gewissens zu berufen, wenn das Gewissen nicht täglich von der lebendigen und bewußt gesuchten Gegenwart des Vaters gestützt wird.

Fünftes Kapitel

Pinocchio hat Hunger. Er findet ein Ei
und will sich ein Rührei zubereiten. Aber im
letzten Augenblick fliegt ihm das Rührei
durchs Fenster davon.

Oder

Die Auflehnung der Dinge gegen den sich auflehnenden Menschen

Nachdem Geppetto beiseite geschafft und die Grille getötet worden war, erfährt Pinocchio, der sich von der Befriedigung aller Wünsche und der Ausübung der absoluten Herrschaft über die Dinge ein herrliches, erfülltes Dasein erwartet hatte, hingegen die Dunkelheit, die Leere der Geschöpfe, den Hunger, die Enttäuschung.

Inzwischen wurde es Nacht. Auf den Hampelmann, der jede Verbindung mit dem Ursprung des Daseins abgebrochen hat, sinkt die Nacht hernieder wie ein unerwartetes Ereignis und ändert mit einem Mal den ganzen Ausblick. Er, der sich bis zu diesem Moment als unbestreitbarer Herr seiner Handlungen, als Allherrscher, als Mittelpunkt der Welt gefühlt hatte, findet sich allein, hungrig, verlassen wieder: eine arme Kreatur, umgeben von unheimlicher Dunkelheit.

Die Nacht sinkt als Strafe hernieder, ist aber auch der Anfang von Reue und Heil, weil sie die Gemüter beruhigt, die Illusionen zerstreut und mitleidlos die Wahrheit offenbart. In dieser Nacht bereut Pinocchio zum ersten Mal, und er wird es noch oft tun: *Es war unrecht von mir, mich gegen meinen Vater aufzulehnen und von zu Hause fortzulaufen ...*

Die Finsternis nimmt den Dingen ihren trügerischen Glanz, und das, was fest und sicher erschien, wird in der Dunkelheit unwirklich und unzuverlässig. Der moderne Mensch, der die Nacht künstlich erhellt, läßt sich häufig eine Gelegenheit entgehen, die ihn weiser machen könnte.

In der Nacht entdeckt er, der sich mit der Auflehnung gegen den Vater und der Verweigerung der absoluten und transzendenten moralischen Norm hervorgetan hatte, seine wirklichen Dimensionen und erschrickt zu Tode. Er hatte gemeint, der König der Welt zu sein, und erkennt nun, daß er dem anfänglichen Holzstück sehr ähnlich ist und nur die zusätzliche Fähigkeit zu verzweifeln erworben hat.

Der Topf war an die Wand gemalt.
Die „Erfahrung der Leere" genügt gewiß nicht, um ein religiöses Leben zu entfalten. Sie muß von der „Erfahrung der Gegenwart" begleitet sein. Aber zweifellos gibt es ohne die „Erfahrung der Leere" keine ernstliche und dauerhafte Religion. Die Erfahrung der existentiellen Leere ist ein Geschenk – oder eine Strafe –, das auch den Menschen erfaßt, der sich von Gott entfernt, vorausgesetzt, er besitzt ein Innenleben. Wir „befreien" uns von der Zudringlichkeit Gottes, um uns die Beständigkeit der irdischen Güter, die Schönheit des Lebens, den Geschmack an den Freuden und Vergnügungen besser und ohne eschatologische Komplikationen zu sichern. Und siehe da, wir fallen ins Leere. Was wir als sättigend empfanden, läßt uns vor Hunger gähnen. Was uns mit seinem Glanz bezauberte, enttäuscht uns wie der Flitter auf einem billigen Kleiderfähnchen. Was uns so appetitlich erschien, wird geschmacklos wie ein Korken.
In dem Zimmer, wo jede wahre Anwesenheit fehlt, verstärken sogar kochende Küchentöpfe, sonst ein fröhlicher und anregender Anblick, unseren Hunger und enthüllen sich schließlich als eine Illusion: auf die Wand gemalte Töpfe.
Wir erkennen dann klar die „Bühne dieser Welt": Alles ist gemalt, alles ist Pappe, alles ist Windhauch.
Wer einmal diese Leere verspürt hat, ist nicht mehr der Mensch, der er früher war. Auch wenn er nicht von Gott überzeugt sein sollte, wird er sich doch nicht mehr vertrauensvoll auf die Dinge verlassen, denn er hat den Glauben an die Festigkeit der irdischen Wirklichkeiten verloren. Ja, er wird sogar vermeiden, sie zu kräftig anzufassen, um nicht den dumpfen, beängstigenden Klang ihrer Hohlheit zu vernehmen.

Dazu ist noch zu sagen, daß diese „Wahrnehmung der Leere", wenn sie nicht pathologisch oder reine Illusion ist, für den Gläubigen keine Wahrheit im eigentlichen Sinn darstellt. Sie ist eine Form der Erkenntnis, die in einer höheren und unüberbietbaren Erkenntnis bewahrheitet werden will. Wenn man von ihr ausgehend zum Schöpfer gelangt, steigt man auch wieder herab und gibt dem, was anfangs dunkel und flüchtig erschienen war, Dichte und Würze.

Einen quälenden Hunger, einen Hunger zum Umfallen.
Wenn jemand so weit gekommen ist, daß er die innere und äußere Leere wahrgenommen hat, dann ist das Ärgste sein Hunger. Der Mensch, der immer dazu neigt, Gott und seinem Hochzeitsmahl gegenüber wählerisch zu sein, wird dann den Dingen gegenüber zugeneigt und eßlustig. So geht er auf die Suche nach etwas, was seine Gier stillen könnte: *etwas Brot, wenigstens ein Stückchen trockenes Brot, wenigstens eine Brotrinde oder einen abgenagten Hundeknochen, ein wenig angeschimmelten Maisbrei, eine Fischgräte, einen Kirschkern, kurzum etwas, was er kauen könnte.*
Aber weil die Dinge, wenn sie vom Ursprung des Daseins getrennt werden, geringfügig und unerreichbar sind, endet man immer vor dem Nichts: *aber er fand nichts, rein gar nichts.*
Dieser Hunger ist die gerechte Strafe für den, der sich vom himmlischen Vater und vom täglichen Brot, das er uns geben kann, abgewandt hat. Er ist aber auch Suche nach Gott und und innerste Bitte unseres wahren Wesens an ihn, der als einziger den an sich unansehnlichen Speisen, die uns Appetit machen, aber nicht sättigen, Inhalt und Geschmack verleihen kann.
Die Episode mit dem Ei bietet uns Gelegenheit, noch weiter über dieses Thema nachzudenken. Das Ei, das Pinocchio mitten im Kehrichthaufen findet, wird mit einem Mal die einzige Wirklichkeit und das einzige Überbleibsel seiner Herrschaft über die Welt. Es ist sein ganzer Reichtum und das einzige Zeichen seiner hochgerühmten Herrschaft über die Dinge. Deshalb verstehen wir die Unschlüssigkeit des Hampelmanns über die Weise der Zubereitung, denn es ist das, worüber er noch entscheiden kann.
Aber auch dieses kleine Überbleibsel seiner Herrschaft entzieht sich seiner Autorität und hält ihn zum Narren: *Das Ei ist zu einem*

quicklebendigen, artigen Küken geworden, das eine höfliche Verbeugung machte und durchs offene Fenster hinausflog.

Der Mensch ist geboren, um Gott zu dienen und über die Welt zu herrschen. Wenn er den Dienst verweigert, verliert er auch die Königswürde. Die Geschöpfe lehnen sich gegen ihn auf, um gleichsam seine Anmaßung zu bestrafen.

Aber er gibt nicht auf. Ja, er bekräftigt sein Königtum nur um so energischer und fühlt sich gedrängt, die Wirklichkeit zu verletzen, die er nur leiten und genießen sollte, so daß er, der König, zum Zerstörer und Feind wird. Die ökologischen Katastrophen sind das unvorhergesehene Ergebnis einer mehr oder weniger atheistischen Kultur, die in den vergangenen Jahrhunderten vorherrschte. Wer meint, die Welt sei „res nullius", das heißt herrenlos, oder habe einen fernen und unaufmerksamen Herrn, widersteht kaum der Versuchung zur wilden Ausbeutung und Plünderung.

Aber die Dinge, die von einer lieblosen und unklugen Technik angegriffen werden und gegenüber der Zerstörungswut nachzugeben scheinen, finden am Ende immer den Weg, sich zu rächen.

Bis schließlich die Welt den Händen dieses verrückt gewordenen Königs entgleitet und die Natur die Schläge des Tyrannen nicht mehr aushalten kann und sich wollüstig der Katastrophe hingibt in dem Wunsch, ihren wahnsinnigen Verfolger unwiderruflich zu verschlingen.

Es sei denn, die Hand der himmlischen Vorsehung rettet uns vor uns selbst und gewährt uns ein anderes, unverdientes Schicksal.

Sechstes Kapitel

*Pinocchio schläft mit den Füßen über dem
Kohlenbecken ein und wacht am nächsten Mor-
gen mit ganz verbrannten Füßen auf*
Oder

Das Geheimnis des
„verwundeten" Menschen

Dieses kurze Kapitel behandelt noch das Thema des vorhergehenden Kapitels. Vom Hunger getrieben, geht Pinocchio hinaus und
verläßt für einen Augenblick das Zimmer, das er ohne Vater und
ohne Sprechende Grille für sich allein hatte und das so ungastlich
geworden war.
Aber die Welt draußen ist noch grausamer. *Über die Natur bricht eine schauderhafte Winternacht* herein mit *einem kalten, schneidenden
Wind* und einem schweren Gewitter, mit Donner und Blitz, was in
dieser Jahreszeit selten ist.
*Aber er fand alles dunkel und verlassen. Die Geschäfte, Haustüren und
Fenster waren alle geschlossen, und nicht einmal ein Hund war auf der
Straße. Das Dorf schien wie ausgestorben.* Über allem liegt ein Gefühl des Ausgeschlossenseins. Keine Spur von Gemeinschaft mit
den Dingen, alles ist stumm, alles ist feindlich. Auch die alten Leute mit der Nachtmütze auf dem Kopf, so sauber, so anständig, erscheinen nur, um Grausames zu tun und über den armen Hampelmann eine *riesige Schüssel voll Wasser* auszukippen, als sei er ein
welker Geranientopf.
In manchen Tagen geistlicher Trockenheit mag uns der Gedanke
an Gott erdrückend und lästig erscheinen, aber das leere, entweihte
Universum ist furchterregend, wenn es sich in seiner Wahrheit
zeigt. Die Welt ohne Gott heißt Verzweiflung.
Pinocchios Mißgeschicke fern vom Vater sind noch nicht zu Ende. Nach Hause zurückgekehrt, um dem Schrecken der Nacht draußen zu entgehen, legt er sich schlafen, die nassen Füße ausgestreckt
über dem Becken mit glühender Kohle. Und im Schlaf fingen seine höl-

zernen Füße zu brennen an, verkohlten nach und nach und wurden zu Asche.

Der freigeschenkten Freundschaft mit Gott beraubt, ist der Mensch auch in seinen inneren Fähigkeiten verstümmelt: „Vulneratus in naturalibus", sagten die Väter, das heißt, seine Natur ist verwundet. Es ist ein „vulnus", eine Wunde, die in den heute geläufigen Begriffskategorien schwer wahrzunehmen und auszudrücken ist und die man deshalb herunterzuspielen versucht.

Wer sich aber nicht von einem weniger durch die Erfahrung begründeten als tröstlichen Optimismus blenden läßt und den Sinn für das menschliche Elend lebendig erhalten hat, weiß, daß diese scholastische Wendung eine nicht zu unterschätzende Wahrheit birgt. Es ist offenkundig ein Bild, verdeutlicht aber das Gestrüpp von rechten Absichten und bösen Neigungen, von denen der Mensch sich nicht befreien kann, und das Gemisch von Gut und Böse, das unseren Handlungen zugrundeliegt.

Im Menschen – wenn er sich einkapselt und die heilende Gnade nicht aufnimmt – ensteht eine radikale innere Gleichgewichtsstörung, gleichsam eine Verarmung seines Wesens selbst, so daß er trotz aller Bemühungen, über sich selbst hinauszuwachsen, in Wirklichkeit nicht einmal auf der Höhe seiner selbst bleibt. Es gelingt ihm nicht, das zu tun, was er tun soll, noch das zu verstehen, was er weiß, noch das zu wollen, was er will, noch das zu sein, was er ist.

Aber oft erkennt er seine bedauernswerte Lage gar nicht. Er ist seiner Königswürde beraubt, die ihm doch geschenkt worden war, aber weil er in ruhiger Unwissenheit lebt, bekümmert ihn das gar nicht. Wie Jona im untersten Raum des schwankenden Schiffes merkt er nicht, daß er der Protagonist dramatischer Ereignisse ist, und bleibt unempfindlich für sein Mißgeschick. Pinocchios Geschichte ist auch darin beispielhaft: *Er schlief und schnarchte, als gehörten seine Füße einem andern.*

Er wacht erst auf, als jemand an die Tür klopft. Die Rettung für ihn kommt, ohne daß er von sich aus gemerkt hätte, daß er um Hilfe rufen muß.

„Ich bin's", antwortete eine Stimme.

Wenn die Welt ganz trostlos und verlassen und alles unwiederbringlich verloren zu sein scheint, dann wird die Gegenwart dessen offenbar, der ausgeschlossen wurde.

Diese Gegenwart wahrnehmen ist der Anfang der Auferstehung, denn die Gefahr besteht darin, in der Leere der vorläufigen und relativen Geschöpfe unterzugehen. Der Glaubensakt ist ja ein Akt des Geistes, der sich der konsistenten und deshalb heilbringenden Existenz des lebendigen Gottes öffnet. Er ist eine Wahrnehmung dessen, was es wirklich bedeutet, sich unter der Menge geschwätziger und vorüberziehender Masken an jemanden anklammern zu können, der im verborgenen wirkt und da ist.

Deshalb ist die Rettung, nachdem die tausend störenden Nichtigkeiten ausgeschaltet sind, in erster Linie eine Manifestation des Daseins: „Ich bin", sagt die Stimme aus dem brennenden Dornbusch (Ex 3,14). „Wenn ihr nicht glaubt, daß Ich es bin, werdet ihr in euren Sünden sterben", sagt Jesus, der Erlöser, zu den Juden (Joh 8,24). „Ich bin es", sagte Jesus in der Stunde der Finsternis zu den weltlichen Mächten, die sofort zu Boden stürzten (Joh 18,6). „Ich bin's", sagt Geppetto zum leichtsinnigen Hampelmann, der Gefahr läuft, zu verbrennen.

Manche denken, die Rettung komme von den Ideen. Andere meinen, die Rettung komme vom Handeln. Alle Revolutionen, die im Grunde genommen die sozialen Gefüge verletzen und nicht viel ändern, inspirieren sich an diesen Prinzipien, die unangemessen, aber auch nicht ganz falsch sind. Die einzige wahre Revolution, die Revolution Gottes, hat ein anderes Fundament, denn die Rettung vollzieht sich auf der Ebene des Seins.

Beim Klang von Geppettos Stimme wird Pinocchio sich endlich seines eigenen Elends bewußt und erblickt einen Ausweg in der Gegenwart dessen, der ihn neu machen kann.

Siebentes Kapitel

Geppetto kommt nach Hause und gibt Pinocchio
das Essen, das er, der arme Mann,
für sich selbst mitgebracht hatte.

Oder

Das Geheimnis der
„natürlichen Sehnsucht" nach Gott

Sobald ihm die Stimme Geppettos Rückkehr ankündigt, erkennt
Pinocchio, woher die Rettung kommt, und will auf sie zustürzen.
Aber gerade dieser so natürliche und spontane Wunsch läßt ihn
seine Unfähigkeit noch schmerzlicher spüren.
Die Offensichtlichkeit des eigenen Elends und die rechte Intuition
für den Weg, der dahin führt, befähigen uns noch nicht, zum Vater zu kommen. Und wenn es keine andere Hilfen gäbe, würden sie
unser Gefühl der Unfähigkeit nur verstärken und uns insgesamt
noch unglücklicher machen.

Im Grund unseres Herzens sehnen wir uns zweifellos nach der An-
schauung und dem Besitz Gottes. Dieser Wunsch ist gewöhnlich
unter dem Gewirr anderer Bestrebungen verborgen, die – auch
wenn wir sie nicht wahrnehmen – oft Entmutigungen und Trü-
bungen dieses grundlegenden Wunsches sind. Aber der Wunsch
ist da, und er ist der eigentliche Grund der Unersättlichkeit und
unseres ständigen unzufriedenen Hastens von einer Erfahrung zur
anderen.
Sicher belastet der Überdruß jedes transzendenten Gedankens, der
Überdruß Gottes, nicht selten das Herz des Menschen. Aber darunter verbirgt sich feiner, schwächer, aber nicht weniger wahr auch
eine Sehnsucht nach dem Vater und seiner unmitelbaren An-
schauung.
Der Mensch entledigt sich dieses Gefühls aus einer Art unbewuß-
ter Verzweiflung, denn es scheint ihm ein Produkt seiner Phantasie, ein Streben ohne mögliches Ziel. Und es ist wahr, daß diese

Sehnsucht nach Gott, wenn sie sich nur auf unsere eigenen, spürbaren Kräfte stützt, völlig unzureichend ist und unseren Niedergang nur noch schmerzlicher macht.

Hier stoßen wir auf eine weitere für den Menschen typische Antinomie: Als einziges aller Geschöpfe wird er von natürlichen und unzureichenden Wünschen gepeinigt, die er im Innersten verwurzelt fühlt, von denen er aber nicht glaubt, daß sie je erfüllt werden können. Er wurde beim Schöpfungsakt „Sohn" genannt, und diese väterliche Stimme ist ihm tief ins Herz eingeprägt, weil sie in die Endlichkeit des Geschöpfes eine Unersättlichkeit eingießt, die nur von der Unendlichkeit gestillt werden kann.

Nach zwei, drei schwankenden Schritten schlug er der Länge nach auf den Boden.

Pinocchio konnte, nachdem er *die Stimme seines Vaters erkannt* hatte, keinen Schritt auf seinen Vater zugehen. Der tiefste und entscheidende Grund dieser Art innerer Lähmung liegt in der hölzernen Natur, weshalb er von sich aus keine wahre gemeinschaftliche Beziehung anknüpfen kann. Das ist also der Widerspruch: Er wird von einem unwiderstehlichen Anruf aus der Höhe angezogen, aber er ist nicht imstande, die hochfliegenden Pläne seines Hampelmann-Herzens auszuführen.

Mehr noch, nicht einmal als Hampelmann gelingt es ihm, zu Geppetto zu gehen, denn seine Holzfüße waren verbrannt, und – „vulneratus in naturalibus" – er kann sich nicht einmal so weit aufrechthalten, als es ihm sein Hampelmannzustand erlauben würde. Er schlägt *der Länge nach auf den Boden,* wo er für immer liegen bliebe, käme ihm nicht eine mitleidige Hand zu Hilfe.

Pinocchio schreit und weint, bemitleidet sich selbst und rollt sich auf dem harten Boden. Aber wer weiß, ob er sich seines großen und aussichtslosen Unglücks wirklich bewußt ist? Wie kurz war der zügellose Lauf über die Felder!

War es königliche Freigiebigkeit oder unvorsichtige Grausamkeit, ihn aus dem Holzscheit hervorgeholt und ihm das Schicksal des Kaminfeuers oder des Tischbeins erspart zu haben? Wären Meister Kirsches lieb- und phantasielose Pläne nicht etwa mitleidsvoller als Freund Geppettos Einfall und Leidenschaft gewesen? Das sind Fragen von einer existentiellen Dramatik, die sich die Hampelmänner glücklicherweise im allgemeinen nicht stellen.

Aber wer weiß, ob sich nicht Geppetto diese Frage stellt, denn sein Herz wurde von Mitleid gerührt, als er den elenden Zustand seines Geschöpfes sah, eines widerspenstigen, launischen und starrköpfigen Geschöpfes, aber sein eigenes Werk, das Werk seiner Hände; fern und anders, aber Frucht einer Liebesidee: *Da übermannte ihn die Rührung. Er nahm ihn sogleich in seine Arme und küßte, liebkoste und streichelte ihn unzählige Male.*
In der Beziehung zwischen Erde und Himmel überwiegt das Unbegreifliche: Nach dem Geheimnis eines Gottes, der – wer weiß, warum – sich entschlossen hat zu erschaffen, und nach dem Geheimnis des Geschöpfes, das – wer weiß, warum – gleichsam im Sog schmerzlicher Erinnerung an das Nichts, aus dem es hervorgeholt worden war, mit List und Tücke tausendfach der drängenden Initiative der göttlichen Güte zu entfliehen versucht, kehrt das Geheimnis zum Ursprung zurück und wird Geheimnis der Zärtlichkeit Gottes. Denn er reagiert zwar mit Entrüstung auf die böse und grundlose Flucht, fühlt aber mit dem Zorn über die Bosheit auch die Liebe für den Abgeirrten wachsen. Und das konnte niemand erwarten.
Gerade weil die Sündenschuld immer auch Unglück und Verzweiflung mit sich bringt, kann Gott das böse Tun nicht verdammen, ohne zugleich seinem ganzen Mitleid für den Menschen freien Lauf zu lassen, der, weil er gesündigt hat, niedergedrückt ist, leidet und nicht mehr zu hoffen wagt.

Dann sinkt die Dunkelheit nieder, und wieder stehen wir vor einem Rätsel. Pinocchio, am Boden liegend, enttäuscht, verwundet, hat Hunger, *großen Hunger, einen Wolfshunger*, daß ihm schwarz vor den Augen wird und Geppetto ihm unbedingt etwas zu essen geben muß, bevor er ihm die Füße wiederherstellt. Wir würden meinen, daß er, von so großem Hunger geplagt, mit jeder Speise zufrieden wäre. Er scheint uns nicht in der Lage zu sein, ablehnen oder Vorbehalte aussprechen zu können. Aber nein, und darin liegt das Geheimnis. Pinocchio nimmt die Birnen an, meint aber, seine Annahme an Bedingungen knüpfen zu können: *Wenn Ihr wollt, daß ich sie esse, dann schält sie mir bitte.*

Kaum zeigt der Vater ein wenig Mitleid, fühlt sich sein Geschöpf schon berechtigt, Ansprüche stellen, befehlen und sich seiner bedienen zu können. Jeder Ausdruck von Güte wird als Abdankung betrachtet. Also muß es auch für Gott schwer sein, den rechten Ton für unsere Beziehung zu ihm zu finden:

„Wir leben unter Seufzen und Ängsten,
dennoch wird unser Tun nicht besser.
Solange du wartest, bereuen wir nicht;
doch wenn du strafst, widerstehen wir nicht",

heißt es treffend in der ambrosianischen Liturgie.

Der Mensch ist äußerst arm und träge wie Pinocchio vor den Birnen. Während er in seiner verzweifelten Nichtigkeit jeden Tropfen der Erkenntnis, Liebe und Freude annehmen sollte, die wenigstens ein bißchen seinen Hunger stillen können, zeigt er sich jedem Geschenk gegenüber appetitlos. Man könnte meinen, daß er einmal im Himmelreich vor der beseligenden Schau auch die Nase rümpfend sagen wird, er habe bei sich zu Hause schon Besseres gesehen.

Achtes Kapitel

*Geppetto schnitzt Pinocchio neue Füße
und verkauft seine eigene Jacke, um
ihm eine Fibel zu besorgen.*

Oder

Das Geheimnis der „Röcke aus Fellen"

Kaum war der Hunger gestillt, fing der Hampelmann schon zu *jammern und zu weinen an, weil er ein Paar neue Füße haben wollte.* Geppetto ließ ihn in seinem Schmerz ein wenig zappeln, erfüllte aber dann seinen Wunsch und schenkte ihm *zwei behende, schlanke, sehnige Füße.* Dann, um ihm zu ermöglichen, hinaus in die Welt zu gehen, bekleidete er ihn ungefähr wie einen Menschen, indem er ihm *einen kleinen Anzug aus geblümten Papier, ein Paar Schuhe aus Baumrinde und eine Mütze aus Brotkrume anfertigte.*

Der Mensch – „vulneratus in naturalibus" – seufzt und schreit zum Vater, während er danach strebt, in der ursprünglichen Freiheit wiederhergestellt zu werden. Es ist ein ihm innewohnender, existentieller Schmerz. Der gefallene Mensch weint in seinem gefühllosen Herzen, auch wenn er lacht, auch wenn er sich vergnügt, auch wenn er seine tiefe innere Wunde nicht erkennen will. „Sunt lacrimae rerum". Es gibt einen Lebensschmerz, der schwer zu lindern und nicht immer zu verbergen ist.

Geppetto ließ ihn einen halben Tag lang weinen und jammern.
Wie lange mußten wir warten! Auch im Leben des Einzelnen glaubt so mancher, keine Stunde länger aushalten zu können, und doch vergehen Jahre, ohne daß sich jemand in unserer Wüste meldet. Es scheint eine Grausamkeit des Vaters, ist aber eine Methode, uns reifen zu lassen. Gott greift aus Liebe in unsere Geschichte ein, zieht sich aber auch aus Liebe zurück und bleibt verborgen.

Im Menschen gibt es auch dieses Paradoxon: Wir fühlen uns einerseits durch Gottes Zudringlichkeit unter Druck gesetzt, empfinden aber, wenn er schweigt und abwesend zu sein scheint, denselben Druck.

Anwesend oder abwesend, mag er uns helfen oder nicht, existiert er oder existiert er nicht, Gott ist ein Alptraum. Wenn er existiert, läßt er uns keinen Raum und erdrückt uns. Wenn er nicht existiert, öffnet sich im Universum ein Abgrund, der durch nichts zu füllen ist und uns am Ende alle verschlingt und ins Nichts hinausstößt.

Der Alptraum löst sich nur, wenn es uns gegeben wird – und wenn wir zustimmen –, in eine Kindesbeziehung einzutreten. Wenn wir Gottes Kinder sind, verkürzt sich sein Schweigen keineswegs, aber es gibt uns die Gewißheit, daß Menschentränen nicht ohne Widerhall bleiben. Ja, wir wissen, daß wir in den unerwarteten Formen, die dem göttlichen Einfallsreichtum eigen sind, unvermeidlich erhört werden wie der Sohn. Denn er, der „mit lautem Schreien und unter Tränen Gebete und Bitten vor den gebracht, der ihn aus dem Tod retten konnte, ... ist erhört und aus seiner Angst befreit worden. Obwohl er der Sohn war, hat er durch Leiden den Gehorsam gelernt" (Hebr 5,7–8), besonders durch die scheinbare Gleichgültigkeit des Vaters gegenüber dem tragischen Schicksal, das ihn ereilen sollte.

Er machte ihm also einen kleinen Anzug aus geblümten Papier.
Nach dem Sündenfall und in Erwartung der Erlösung – so steht geschrieben – „machte Gott, der Herr, Adam und seiner Frau Röcke aus Fellen und bekleidete sie damit" (Gen 3,21). Da er den Menschen noch nicht mit Christus und dem hochzeitlichen Gewand bekleiden kann, läßt er ihn ein vorläufiges Gewand anziehen, das es ihm ermöglicht, würdig und hinreichend geschützt die Härte eines erniedrigten Daseins in einer zum Spott gewordenen Welt zu ertragen.

Worin bestehen „diese Röcke aus Fellen", diese „Anzüge aus Papier"?

Gregor von Nyssa sieht in den „Röcken aus Fellen" die „geschlechtliche Vereinigung, die Empfängnis, Entbindung und Ernährung, das Heranwachsen, Reifen und Altern, die Krankheit und den Tod". Sie überlagern die wahre Natur des Menschen, das heißt, Bild und Gleichnis Gottes zu sein, und verbergen sie.

Von dieser originellen und ziemlich umstrittenen Lektüre des Wortes aus der Genesis angeregt, möchten wir darin die vielen Gaben sehen, die Gott dem gefallenen Menschen als anfängliche Hilfen geschenkt hat, damit er in einer feindlichen Umgebung ein Leben ertragen kann, das erbärmlich geworden ist und jeden Augenblick, sobald es bewußt wahrgenommen wird, in Verzweiflung enden kann. Wir wollen versuchen, diese Gaben aufzuzählen:

– die gesunde Fähigkeit, vernünftig, unvoreingenommen und klar zu denken, die dann ins Glaubensleben aufgenommen und übertragen wird;

– die Liebe zwischen Mann und Frau in all ihren Ausdrucksformen, wenn sie den blinden triebhaften Instinkt übersteigt, aber die kirchliche Dimension des Ehesakramentes noch nicht erreicht hat;

– die klare und offene Freundschaft, die die Herzen einander näherbringt, sie bereichert und erfreut in der Erwartung, in Nächstenliebe zu münden;

– der Wein, „der das Herz des Menschen erfreut", und die Fähigkeit, mit Vernunft die Tafelfreuden zu kosten, bevor der Zutritt zum Hochzeitsmahl des himmlischen Reiches geöffnet wird, das sich nach Jesu Wort des „neuen" Weines erfreuen wird;

– der lebendige Sinn für die Schönheit, die sich im Zauber des Klangs, der Worte, der Farben und der Formen zeigt, so lange das Glaubensleben noch nicht jenes theologisch-ästhetische Gespür entwickelt hat, welches die absolute Schönheit des göttlichen Planes wahrzunehmen vermag;

– das Gesetz, das unsere Handlungen ordnet und sie im Hinblick auf das Gemeinwohl und auf ein geordnetes Zusammenleben bemißt, während man die Ausgießung des Geistes erwartet, der das neue und ewige Gesetz ist, nach dem das Leben der Kinder Gottes für die Ewigkeit geordnet wird;

– die Autorität, die unsere Freiheit eingrenzt und schützt, aber zugleich auf uns lastet und für uns notwendig ist, denn die Geschichte der Menschen ist ein ständig wechselndes Hin und Her des Aufstands gegen die Macht und ihres Herbeirufens, bis

alle Autorität entleert sein wird und die eschatologische Herrschaft Christi anbricht.

Die „Röcke aus Fellen" sind Zeichen der beginnenden Barmherzigkeit und müssen dankbar und bewegt geachtet werden, auch
wenn sie noch nicht die volle Offenbarung des göttlichen Mitleids
sind. Wie alle Gaben können auch diese mißbraucht werden. Sie
bleiben Gaben nur für den, der sie klug und rechtschaffen zu nutzen weiß.
Die Menschen sind in Bezug auf diese vorläufige Bekleidung versucht, sie zu verachten oder, umgekehrt, sie ungebührend zu erheben.
Sicher ist es bitter für den, der schon den lebhaften Wunsch nach
der vollen Sohnschaft hat, sich mit einem Gewand aus Papier, mit
Schuhen aus Baumrinde und einer Mütze aus Brotkrume begnügen
zu müssen. Wenn man jedoch diese Geschenke, die zwar armselig
erscheinen mögen, aber dennoch von der Liebe des Vaters kommen, hochmütig vernachlässigt, endet man in einem noch er-
bärmlicheren und trostloseren Zustand.
Zweierlei Grundhaltungen können hier das ursprüngliche Empfinden des Menschen verändern. Da wird zunächst von einer über-
triebenen Askese gesprochen, die evangeliumsgemäß sei, aber in
Wirklichkeit weit entfernt ist von der Haltung Christi. Sie leitet
zur Mißachtung der „Röcke aus Fellen" an und führt den, der diese Lehren befolgt, so weit, daß er aus dem göttlichen Spiel aus-
scheidet. Und dann gibt es eine ursprünglich soziologische Re-
densart, die fast alle diese vorläufigen Hilfen für unsere Armut als
Zeichen eines „bürgerlichen" Ideals geringschätzt. Aber hier wird
das, was allgemein menschlich wertvoll ist, unvorsichtigerweise
spießbürgerlich genannt – und als solches herabgewürdigt.
Wenn diese beiden Anschauungen dann aufeinandertreffen und
sich gegenseitig erhöhen wollen, steigert sich die Torheit ins Maß-
lose, und der Mensch wird unmenschlicherweise seiner seltenen
Gelegenheiten der Freude beraubt, und die Pläne der Güte Gottes
werden durchkreuzt.
Wer hingegen wirklich arm und einfach ist, nimmt alles aus den
Händen des Vaters an: Er nimmt dankbar die „Röcke aus Fellen"

an und bewahrt sie in der lebhaften Hoffnung, daß sie bald durch die Geschenke von oben erhöht werden.

Es ist gut, in den „Röcken aus Fellen" die ersten Zeichen der unwandelbaren Liebe Gottes zu seinen Geschöpfen zu sehen, auch wenn man noch auf die letzten und endgültigen Zeichen warten soll. Ihre Mißachtung bedeutet nicht, in den Garten des Paradieses zurückzukehren, sondern heißt, gegen den ausdrücklichen Willen des Herrn auf der vergänglichen Erde nackt und ungeschützt zu sein.

Aber es besteht auch die Gefahr, von ihnen zu sehr eingenommen zu werden und ihre Vorläufigkeit und Unangemessenheit nicht wahrzunehmen. Keine Hochschätzung der Papierkleidchen darf uns ablenken und gefühllos machen für die Stimme des Herzens, die nicht müde wird, die eigene Unruhe hinauszuschreien, solange nicht die volle Gotteskindschaft wahrhaft erreicht ist.

Neuntes Kapitel

*Pinocchio verkauft seine Fibel, um ins
Marionettentheater gehen zu können.*

Oder

Die Sehnsucht nach der
„reinen Natur"

Pinocchio macht sich auf den Weg zur Schule, *seine neue Fibel unter dem Arm*, die mit in seinem Anzug aus Papier, den Schuhen aus
Baumrinde und der Mütze aus Brotkrume alles ist, was der Vater
ihm geben konnte, um ihm das Aussehen eines Menschen zu verleihen.
*Unterwegs überlegte er tausenderlei Dinge und malte sich Luftschlösser
aus.* Seine Gedanken sind edel und hoch, fliegen zu hoch. Seine
Absichten sind hochherzig, zu hochherzig. Wenn er sich nur vorgenommen hätte zu lernen, wäre es ein bescheidener, aber auch
verbindlicher Vorsatz gewesen. Der Plan, mit seiner Geschicklichkeit viel Geld zu verdienen und für Geppetto eine Jacke *ganz
aus Gold und Silber und mit Knöpfen aus Edelsteinen zu kaufen*, ist sicher bewundernswert, aber weniger verpflichtend als der Vorsatz,
wirklich in die Schule zu gehen.
In der Tat verflüchtigen sich die hochfliegenden Gedanken unseres Helden, sobald er in der Ferne den Klang von Flöten und Pau-
ken hört. Ein Marionettentheater wird angekündigt. Pinocchio
kann dem Wunsch, die Aufführung zu sehen, nicht widerstehen,
und um die zwei Groschen für den Eintritt zu erhalten, überläßt er
einem Altwarenhändler die Fibel, für die der Vater seine einzige
Jacke verkauft hatte.

Ein Hampelmann, der sich ernsthaft auf den Weg zur Schule macht
und natürlich dafür getadelt wird, weil er dort nicht ankommt, ist
eine groteske Episode, ja, ehrlich gesprochen, etwas Absurdes. Nur
der verschleierte Sinn des Märchens kann uns den Grund dafür
enthüllen, daß sie ohne weitere Erklärung erzählt wird.

Der Weg zur Schule ist der Weg, Mensch zu werden. Es wundert nicht, daß er praktisch so lange wie das Buch dauert. Wir meinen, Pinocchio wegen seiner bedauernswerten Entscheidung verteidigen zu müssen. Natürlich fühlt sich die Natur des Hampelmanns unwiderstehlich vom Marionettentheater angezogen, weil es seine wahre Welt ist. Außergewöhnlich ist nicht, daß er seine Gefährten und ein ihm angemessenes Dasein sucht, sondern daß sein Schöpfer einem Hampelmann eine Fibel besorgt und ihn in die Schule schickt, als wäre es die natürlichste Sache der Welt. Sicher war er von Anfang berufen, Sohn zu sein, aber seine hölzerne Natur fühlt übermächtig den Ruf zum Marionettentheater.

Außer der bereits genannten „natürlichen Sehnsucht", als Sohn mit dem Vater in Gemeinschaft zu leben und am göttlichen Leben teilzuhaben, gibt es im Menschen, der eine übermenschliche Bestimmung hat, eine Art Sehnsucht nach der „reinen Natur", das heißt nach einem Zustand, der die Grenzen, die damit verbundenen Fähigkeiten und die Erwartungen des Geschöpfes nicht überschreitet. Ein kleines Glück wie unser kleines Herz, eine Erkenntnis, die in unseren engen Verstand hineinpaßt, eine Hoffnung, die auf den Raum der Erde und Zeit begrenzt bleibt. Ja, das ist es, wonach wir eigentlich trachten und was wir dem überschwenglichen göttlichen Plan vorziehen würden.
So leidet das Herz unter einer schmerzlichen Spannung: Wir tendieren abwechselnd zum Himmelreich oder zur Welt. Es gibt keinen Freidenker, der nicht im Grunde seines Herzens den wenn auch geheimen oder unbewußten Wunsch nach der Freundschaft mit Gott hegt; und es gibt keinen Asketen, der nicht insgeheim Sehnsucht nach der Welt, nach ihrem lärmenden Fest, nach ihrer Ausgelassenheit hat.
Oft versucht man geradezu beide Sehnsüchte friedlich miteinander zu vereinen. Aber das gelingt nicht auf Dauer. Es kommt der Augenblick, in dem ihre gegenseitige Unverträglichkeit deutlich zum Vorschein kommt, der Augenblick der Entscheidung und des Verzichts. Das ist die Stunde, in der die innere Kindheit endet und man erwachsen wird.

Pinocchio entscheidet sich für die Flöten und zieht es vor, den ihm angebotenen Weg der Pflicht zu verlassen. Aber er entscheidet sich nicht ohne Zögern und ohne Bedauern: *Und er wurde auf einmal ganz verwirrt.* Ja, selbst in der Formulierung seines Entschlusses erkennt man leicht einen letzten Versuch, die beiden gegensätzlichen Weisen miteinander zu verbinden und nichts auszuschließen: *Heute will ich zur Flötenmusik gehen und morgen zur Schule. Für die Schule ist immer noch Zeit.*

Aber diese Verfügbarkeit ist eine Illusion. Für das moralische Gesetz, das die einzelnen konkreten Bedingungen übersteigt, ist nicht „immer Zeit". Die wahre Zeit des moralischen Gesetzes ist wie für das Leben Gottes nur das „Heute". Es auf ein problematisches „Morgen" zu verschieben, heißt, es zu verleugnen.

Im vollen und unwiderruflichen Sinn Hampelmann sein bedeutet, die Selbständigkeit und Entscheidungsfähigkeit zu verlieren: in der Rede (die sich an das allgemeine Regiebuch halten soll), in den Gefühlen (die von oben diktiert werden), in den Handlungen (die den Bewegungen der unsichtbaren Fäden folgen). Es ist ein Zustand vollständiger Versklavung. Der Hampelmann ist der Last der Freiheit entledigt und lebt glücklich, weil er nicht die Mühe hat, zu entscheiden. Aber er ist ein Hampelmann.

Es ist bemerkenswert, daß ein quicklebendiges und allen Bindungen gegenüber unduldsames Wesen wie Pinocchio in diesem Zustand absoluter Heteronomie endet. Die besessene Gier nach Freiheit ohne innere Grenzen kann so einen Streich spielen.

Man erreicht das Marionettentheater nicht, ohne die Fibel zu verkaufen.

Die Fibel ist das beste, was es gibt, um neben den Röcken aus Fell das Geschenk der gesunden Vernunft darzustellen. Wer die Gewohnheit und den Geschmack verloren hat, vernünftig zu denken, braucht einen Gebieter. Wer als Norm für die eigene Meinungsbildung und die anderer anstelle des Syllogismus das einhämmernde Wiederholen von Behauptungen akzeptiert hat, ist im Begriff, als Akteur im Marionettentheater aufzutreten. Wer nicht mehr die Kraft hat, kritisch die vorgefertigten Meinungen zu prüfen, die ihm pausenlos zu Ohren kommen, ist reif für den Puppenspieler.

Mit der Erniedrigung der Vernunft beginnt der Verlust der Freiheit.

Zehntes Kapitel

Die Marionetten erkennen ihren Bruder
Pinocchio und feiern ihn stürmisch:
Aber im schönsten Augenblick erscheint
der Puppenspieler „Feuerfresser", und
Pinocchio hätte beinahe ein schlimmes
Ende genommen.

Oder

Entweder der Vater oder
der Puppenspieler

Die in diesem Kapitel beschriebenen außergewöhnlichen Ereignisse haben eine tiefe Bedeutung.
Pinocchio sitzt verwirrt unter der Menge im *Hintergrund des Zuschauerraumes* und genießt das Schauspiel. Da wird er von den hölzernen Schauspielern erkannt und mit lauter Stimme beim Namen gerufen. Sie hatten sich vorher nie gesehen, denn unser Held war ja erst seit kurzem aus Geppettos Händen hervorgegangen. Und doch sind sein Name und sein Aussehen schon bekannt. Die Wesensgleichheit ist ein häufiger Grund des Kennenlernens. Auch die Hampelmänner erkennen ihresgleichen, trotz ihrer hölzernen Natur.
Auf der Bühne beschimpfen sich Harlekin und Kasperle so gut, als seien sie *tatsächlich zwei vernunftbegabte Wesen und Menschen dieser Welt.* Die Bühne trennt zwei gar nicht so verschiedene Welten voneinander. Mit einem Satz kann Pinocchio von der Gesellschaft der Menschen in die der Marionetten überwechseln, ohne daß er an der Grenze Schranken oder einen großen Unterschied im Verhalten der Protagonisten der beiden Bereiche findet. Auf der einen wie auf der anderen Seite der Bühne herrscht Gleichheit im Reden, Fühlen und Denken.
Die Ähnlichkeit wird durch das Verhalten der Marionetten noch verstärkt, die bei Pinocchios Ankunft *gar nicht daran denken, ihr Spiel fortzusetzen, sondern nur doppelt soviel Lärm und Geschrei vollführen.*

Obwohl sie hölzern und unbeholfen in ihren Bewegungen sind, scheinen sie nicht an Fäden zu hängen, ja in ihrem Verhalten ist etwas Unvorhersehbares, das uns an Geschöpfe denken läßt, die mit freier Entschlußkraft begabt sind. „Est in eis quaedam similitudo liberi arbitrii", sagt Thomas von Aquin über die Menschen. Aber es ist nur eine scheinbare Freiheit. Der Auftritt des schrecklichen Feuerfressers stellt sofort klar, wer für alle und über alle zu entscheiden hat.

In der Darstellung der Menschen als Marionetten ohne sichtbare Fäden erreicht die Erzählung einen ihrer Höhepunkte an Ausdruckskraft und erfordert unsere besondere Aufmerksamkeit.

Der zutreffende Vergleich zwischen Mensch und Marionette scheint heute widerstandslos ins allgemeine Bewußtsein gedrungen zu sein. Die zeitgenössische Kultur will unbedingt den dünnen Schleier einer scheinbaren Menschlichkeit zerreißen, um die seelenlose Marionette zu entblößen, die unsere verborgene Wahrheit sein soll. Die sogenannten bildenden Künste verhehlen in den bekanntesten und verbreitetsten Strömungen nicht die Absicht, dieses verhaßte Spielzeug, das der Mensch ist, mitleidlos in Stücke zu zerlegen, bis am Ende ein lebloser Trümmerhaufen übrigbleibt. Die modernen Choreographien, vielleicht in der lobenswerten Absicht, alles Gekünstelte zu vermeiden, erinnern in den mechanischen Rhythmen und abgehackten Bewegungen der Darsteller immer häufiger an Roboter.

Und immer häufiger wird die anthropologische Hypothese aufgegriffen, die jedes Handeln und jede Entscheidung als unvermeidliches Produkt der wirtschaftlichen Kräfte, des Sexualtriebs, des blinden Machtwillens und der geheimen Verführer erklären: die „unsichtbaren Fäden". Und weil man unweigerlich das wird, was man zu sein glaubt, wird der Mensch nach und nach einer Marionette ähnlich, die mit einem illusorischen Anstrich von Freiheit bekleidet ist.

Wenn man Marionette geworden ist, ist die Ankunft des Puppenspielers unvermeidlich. Die häufigen und überschwenglichen Bekräftigungen der Freiheit, verstanden als abstrakter und absoluter Wert, sind heute vielleicht der traurige Schwanengesang für eine sterbende Göttin.

Das Hauptproblem besteht gerade in der Beziehung zwischen den Marionetten und den Puppenspielern.

Die einfachste und häufigste Meinung lautet, daß die Befindlichkeit der Marionette eine Folge der Existenz der Puppenspieler sei, so daß es genüge, diese rücksichtslosen Persönlichkeiten beiseite zu schaffen, damit anstelle der Marionetten die Menschen treten. Wie alle Überzeugungen, so enthält auch diese ein Körnchen Wahrheit. Solche Überzeugungen waren Grundlage und Anstoß für die vielen Revolutionen und Aufstände, die die Geschichte der Welt mit Blut befleckt haben. Allerdings werden in Italien nur sehr selten Revolutionen und Aufstände gemacht, aber man feiert sie. Das ist kein großes Übel, denn das häufigste Ergebnis in Wirklichkeit ist, daß der Puppenspieler ersetzt wird, aber nicht immer zum besten.

Unsere Erzählung könnte uns wieder ein wenig Licht bringen. Pinocchio, der im Puppentheater herumspringt, mischt sich unter die Marionetten, die das Theaterstück spielen, und führt, wie wir gesehen haben, ein Durcheinander herbei; er gleicht ganz seinen hölzernen Brüdern. Und doch bestätigt die Fabel im weiteren Verlauf seine grundlegende Verschiedenheit.

Kasperle, Harlekin und die Dame Rosaura sind nur Hampelmänner ohne die Hoffnung, eine wirkliche und dauerhafte Freiheit erlangen zu können, und ohne den Ausblick, je einen Funken Seele zu erhalten, die die Gelenke lockern und die Bewegungen vermenschlichen könnte. Ihr unwiderrufliches Schicksal ist es, am Ende der Bühnenkarriere als Brennholz das Feuer für den Hammelbraten ihres Gebieters und Tyrannen anzufachen. Pinocchio, aus gleichem Holz, auch eine Marionette, auch ohne wahre Herrschaft über sich selbst, hat jedoch eine andere Bestimmung. Das Theater ist für ihn kein Gefängnis. Feuerfresser hat keinen weiteren Untertan hinzugewonnen. Er muß ihn am Ende in die Welt ziehen, seinen Weg gehen, die Suche nach dem Vater und seiner wahren Natur fortsetzen lassen.

Was unterscheidet ihn unwiderruflich und hindert ihn daran, sich der Theatergruppe der Holzköpfe gleichzugestalten? Der Unterschied besteht darin, daß Pinocchio einen Vater hat, was eine wunderbare Ausnahme für seinesgleichen ist. Und wenn er einen

Vater hat, hat er die Bestimmung des Sohnes. Wenn er zum Sohn bestimmt ist, ist er trotz seiner noch hölzernen Struktur zur wesenhaften Freiheit berufen.

Das ist das Dilemma, vor das alle in diesem großen Welttheater gestellt sind, wenn auch viele es gar nicht merken. Ein Hampelmann, der einen Vater hat, ist berufen, Mensch zu sein. Ein Mensch, der sich vom Vater abgewandt hat, wird früher oder später zum Hampelmann.

Wenn wir hören, daß jemand stolz verkündet: „Weder Gott noch Herren", können wir nur den Kopf schütteln über eine so entschieden einfältige Haltung. Aber uns wird das Herz schwer, wenn wir an den unvermeidlichen Ausgang denken. Wer dieses Programm verkündet, wird früher oder später intoleranter Götzenanbeter und ruft, ohne zu wollen, die Ankunft eines Puppenspielers herbei, der ohne Zögern kommen wird.

Von den Götzen befreit man sich endgültig, wenn man sich in den einzigen wahren Gott verliebt. Die unsichtbaren Fäden, die uns behindern, werden einzig und allein von der Liebe des Vaters durchschnitten.

Wenn wir voll Freude singen, daß wir „einen Gott allein, Jesus Christus", haben, freuen wir uns auch über unsere Freiheit. Gerade weil wir nur einen Herrn haben, wollen wir keine anderen. Und wenn jemand meint, er habe uns unwiderruflich unter die Marionetten eingereiht, bleiben wir Menschen, die sich im Zeichen der Freiheit versammeln; ein Zeichen, das dem der Anarchisten und der Radikalen sehr ähnlich ist, mit denen wir beinahe übereinstimmen: Weder Gott noch Herren noch ewige Wahrheiten außer dem einen Gott, dem einen Herrn, der einen Wahrheit.

Elftes Kapitel

Feuerfresser muß niesen und verzeiht
Pinocchio, der dann seinen Freund Harlekin
vor dem Tod bewahrt.
Oder

Weiteres über Hampelmänner
und Puppenspieler

Feuerfresser, der furchterregende Puppenspieler, will Pinocchio, der
im Theater das ungewohnte Durcheinander verursacht hatte, im
Kamin verbrennen. Im Grunde genommen kehrt Meister Kirsches
ursprünglicher Plan wieder. Aber die Schreie des Unglückseligen
und die Tatsache, daß er einen Vater hat, rühren den Puppenspieler, so daß er ihn schont, jedoch an seiner Stelle Harlekin als Brennholz unter dem Bratenspieß verbrennen will. Pinocchio bittet um
Gnade für den Freund, und es gelingt ihm, den Feuerfresser durch
Schmeicheleien umzustimmen und Harlekin zu retten.
Ja, der Puppenspieler ist so zahm geworden, daß er dem wagehalsi-
gen Hampelmann fünf Goldstücke schenkt, die ihm helfen sollen,
zum Vater zu gelangen.
Wie man sieht, ist dieses Kapitel mit dem vorhergehenden eng verbunden, und auch die Thematik unserer Überlegungen bleibt dieselbe.

Wir Menschen sind zweifellos alle ein klein wenig Hampelmänner. Und vor der vollkommenen Verwandlung und Verklärung, die
unsere Geschichte abschließen wird, gibt es in unserem Leben immer einen mehr oder weniger mächtigen Puppenspieler.
Der Mensch bildet sich ein, ein Halbgott zu sein, und ist oft auch
fest davon überzeugt, hingegen bleibt er in der Tat immer ein Spielball fremder Mächte, gegen die er sich nicht wehren kann.
Er wurde zufällig ins Dasein gerufen durch die geglückte Begegnung
zweier Zellen, die sich niemals hätten treffen müssen. Der Zufall
bestimmt den weiteren Lebensweg mit einer Unabwendbarkeit,

dergegenüber das Gewicht der persönlichen Entscheidungen praktisch unerheblich ist.

Selbst das Überleben des Menschengeschlechtes ist an das Zusammentreffen einer Reihe von Ereignissen gebunden, die durch keine wirkliche Notwendigkeit zu rechtfertigen sind. Bei einer rein phänomenalen Betrachtung scheint alles Zufall zu sein: die Entfernung der Erde von der Sonne (die weder kleiner noch größer sein dürfte); die Neigung der Erdachse (die den Ablauf der Jahreszeiten und die weitgehende Bewohnbarkeit der Erdoberfläche ermöglicht), das Vorhandensein einer Atmosphäre usw.

In diese vielfache Zufälligkeit verwickelt, ist der Mensch so frei und so weit Herr über sich, wie es ein Strohhalm in einem reißenden Strom ist. Er, der Mensch, glaubt, nach Belieben sich drehen und wenden zu können. Der einzige, große und tragische Unterschied zum Strohhalm wäre also eine Illusion mehr.

Auch das soziale Zusammenleben, das von der Komplexität der Kräfte bestimmt wird, die sich gleichsam nach dem Modell der physischen Welt zusammenfügen oder aufeinanderprallen, führt zu einer anderen, aber nicht weniger schwerwiegenden Tyrannei, die auf allen lastet. Die wirtschaftlichen Gesetze bestimmen von vornherein das Leben, ohne daß der Einzelne viel tun kann, um sich ihren Zwängen irgendwie zu entziehen. Und die politische Macht über viele unwissende Menschen wird von einigen wenigen vermeintlich wissenden ausgeübt, die das Schicksal der anderen in der Hand haben, aber die Folgen ihrer Entscheidungen keineswegs voraussehen können.

Diese Beobachtungen gelten für jedes Gesellschaftssystem, auch das menschlichste und gerechteste. Es gibt aber auch eindeutige Tyranneien, wo die Versklavung der Bürger unmittelbar zu spüren ist und wo man gewöhnlich von der hochherzigen Utopie eines perfekten Humanismus ausgeht, aber unerklärlicherweise bei der unmenschlichen Vermassung und Unterdrückung endet.

Wie man sieht, müssen wir alle mit einem Puppenspieler rechnen.

Der Puppenspieler, wenn er überhaupt zur Liebe fähig ist, liebt nur sich selbst. Er glaubt, seinen Untertanen nichts zu schulden, denn sie stehen ihm vollends zu Diensten. Übrigens hält sich auch die

Natur im Einzelleben an diese Regel. *Mein Hammel soll schön braun und knusprig werden:* Der Machthaber kennt im allgemeinen keine andere Verhaltensregel.

Wen könnte es überraschen, wenn dann besonders in poetisch gestimmten Herzen, die Politik machen wollen, die Illusion entsteht, daß das Problem in der Beseitigung des Puppenspielers bestünde?

Die westliche Gesellschaft hat im Fortschrittsglauben der letzten Jahrhunderte die hölzernen Hampelmänner zu humanisieren versucht und den Gedanken, daß sie einen Vater haben könnten, immer stärker verdrängt, weil er angeblich altmodisch und unwahrscheinlich ist. Das ist das große, tragische Mißverständnis. Die Förderung des Menschen ist ein bewundernswertes Ziel, aber man hat nicht den klügsten Weg dahin gewählt. Das Ergebnis liegt auf der Hand. In der Welt von heute wird der Puppenspieler mit jedem Tag notwendiger und mächtiger.

Feuerfresser sah zum Fürchten aus, ... doch im Grunde war er gar kein schlechter Mensch. In der Tat, er empfindet Mitleid, als er erfährt, daß es irgendwo einen Vater für Pinocchio gibt: *Wer weiß, welcher Kummer es für deinen alten Vater wäre, ließe ich dich jetzt unter diese glühenden Kohlen werfen! Armer Alter, er tut mir leid!, hatschi!, hatschi!, hatschi!*

Der Puppenspieler – d.h. nichtbildlich gesprochen, die Wirtschaftsmacht, die politische Macht, die das menschliche Maß überschreitende Wissenschaft – ist durchaus furchterregend, kann aber in Wirklichkeit besänftigt und gezähmt werden, wenn man ihn energisch und beharrlich auf die Existenz des Vaters hinweist.

Auch für uns wird der Tag kommen, an dem wir den hölzernen Zustand hinter uns lassen und von Feuerfresser und Gehilfen frei sein werden. Es wird weder eine Tyrannei des Zufalls, noch des Machthabers, noch der Wirtschaft, noch der ausufernden Wissenschaft oder der unmenschlichen Technik geben, weil uns, wenn wir die Fülle des Lebens als Söhne erlangt haben, der Vater genügen wird.

Jetzt in diesem vorübergehenden Zustand gebundener Unbeholfenheit können wir uns dem vielfachen Dispotismus des Puppenspielers nicht entziehen, aber wir können ihn zähmen, indem wir ihn Gottes Herrschaft unterstellen. Nur der Sinn für Gott kann unserer Freiheit ein wenig Raum verschaffen und der hölzernen Härte unserer Herzen ein wenig Liebe einflößen.

Je mehr der Mensch von der Gewalt der Absolutismen versklavt und erdrückt wird, in die wir verstrickt sind oder die wir durch die Verschärfung unserer Marionettennatur notwendig gemacht haben, um so dringender ist es, daß einer Herr über alles ist und fähig, alles zu umfassen und seinen Zielsetzungen jede blinde Macht zu beugen, damit er sozusagen als Gegengewicht gegen jede menschenfeindliche Autokratie wirkt, die sich entfesseln will.

Pinocchio wird davor bewahrt, für immer eine Marionette zu bleiben und im Feuer zu enden, als er sich auf die Suche nach dem Vater begibt. Und Feuerfresser hört nicht nur auf, ihn zu unterdrücken, sondern schenkt ihm auch noch fünf Goldstücke.

Dieser Reichtum ist wie alle Geschenke der Politik, der Wirtschaft, der Wissenschaft und der Natur zweischneidig: Er kann eine entscheidende Hilfe sein, um auf den besten und raschesten Weg zum Vater zu kommen, oder er kann in kurzer Zeit ins Land der Dummköpfe oder – was dasselbe ist – der Faulpelze führen.

Zwölftes Kapitel

Der Puppenspieler Feuerfresser schenkt
Pinocchio fünf Goldmünzen, die er seinem
Vater Geppetto bringen soll, aber Pinocchio
läßt sich vom Fuchs und vom Kater
überreden und geht mit ihnen.

Oder

Das Böse in der Außenwelt

Pinocchio macht sich mit den fünf Goldstücken des Feuerfressers auf den Heimweg, einen Weg, der kein Ende nehmen will. Er hatte nur einen Augenblick gebraucht, um von zu Hause wegzulaufen. Der Rückweg scheint ihn bis ans äußerste Ende des Universums zu führen. Man verliert den Vater im Handumdrehen in einer Stunde der Schwäche, aber es kann ein Leben lang dauern, bis man ihn wiederfindet.

Auf dem Heimweg lauern Fuchs und Kater. In der Ökonomie des Märchens sind sie die „Bösewichte", die Aufforderung zum Bösen, das von der Außenwelt auf uns eindringt. Bisher hatte Pinocchio das Böse nur in seinem Inneren entdeckt, in der Lust zur Rebellion und zur Abwendung, in seinem wankelmütigen und unbeständigen Herzen, in dem Willen, der zwar das Gute wollte, sich aber immer für das Böse entschied.

Das Böse gibt es auch außerhalb von uns. Bei der ersten Begegnung ist der Hampelmann von ihm fasziniert.

Der Text beschreibt die „Bösen" im alten Stil. Sie sind Bösewichte mit sicherem Auftreten, ohne Schattierungen, ohne psychologische Komplikationen, die am Ende alle rechtfertigen und Mitleid für alle erheischen. Wären sie hundert Jahre später erschienen, hätten Fuchs und Kater wahrscheinlich manches Kindheitstrauma anführen können und auf jeden Fall die Gesellschaft als einzige wahre Verantwortliche ihrer unehrlichen Neigungen beschuldigt. Im Italien Humberts I. geboren, ist ihnen die Rolle der Bösewichte ohne mildernde Umstände und der unentschuldbaren Verführer zugedacht. Eine Rolle, die sie mit großer Überzeugungskunst spielen.

Ein Fuchs, der auf einem Bein hinkte, und ein Kater, der auf beiden Augen blind war.
Weil sie sich arm und unglücklich geben, wecken sie unser Vertrauen. Instinktiv meint man, der Arme sei gut, und wer Not leide, sei rechtschaffen; wäre er unredlich, denkt man unwillkürlich, hätte er sich bereichert.
So können wir uns zum Teil erklären, wie es kommt, daß das Kleid der Armen eine so starke Anziehungskraft auf alle ausübt. Heute werden vor allem die übersättigten Reichen und Jugendlichen davon angezogen, die es mit einer Eitelkeit und einem Stolz tragen, die die Armen nie empfunden haben. Schade, daß man gegen sie keine Anzeige wegen Uniformmißbrauch erstatten kann.

„Guten Tag, Pinocchio", sagte der Fuchs und grüßte höflich.
Verführer dürfen die Höflichkeitsformen und gutes Benehmen nie außer Acht lassen, Menschen reinen Herzens dürfen es manchmal. Bedeutsam ist auch, daß unser Held jemandem schon bekannt ist, dem er zuvor noch nie begegnet war. Er selbst ist verwundert: *„Woher weißt du meinen Namen?"*
Der Mensch glaubt, insgeheim in seiner Innenwelt allein zu entscheiden. In Wirklichkeit befindet er sich auf einer Bühne kosmischen Ausmaßes. Scharen von guten und bösen Geschöpfen verfolgen interessiert das Geschehen und späen nach den Anzeichen einer endgültigen Zielsetzung. Der Mensch hat sein Schicksal in der Hand. Eine Menge von unsichtbaren Zuschauern nimmt an seiner Geschichte teil und forscht eifrig nach dem Ausgang dieses Dramas, wobei jeder die ihm angenehme Lösung herbeiwünscht.
Wir möchten nicht ausschließen, daß von den Geistwesen hinter dem Vorhang Wetten über den wahrscheinlichen Ausgang unseres Lebens abgeschlossen werden.

Ich kenne deinen Vater gut.
Die Anhänger des Bösen sprechen oft vom Vater. Das zweite Ge-

bot: Du sollst den Namen Gottes nicht verunehren, das in erster
Linie für die Theologen und in zweiter Linie für die Priester bestimmt ist, gilt auch für sie. Und es ist sicher ein Trick, um die Mas-
kierung glaubwürdiger zu machen.

Sie tun es vielleicht insgeheim auch aus dem Grund, weil sie der
Gedanke an den Vater und an seine unauslöschliche Gegenwart
wirklich beschäftigt und in einem verborgenen Winkel ihres irre-
geführten Herzens schmerzt. Vermutlich diskutiert man in der Hölle über Gott – wie an den besten theologischen Fakultäten.

Der Fuchs scheint Pinocchio wegen seiner Untreue geradewegs zu
tadeln und spricht teilnahmsvoll von Geppettos Leid, weil Pinocchio ihn verlassen hatte. Daraus ersieht man, daß nicht alle Ver-
teidiger Gottes wirklich auf seiner Seite sind.

*Willst du aus fünf elenden Goldstücken hundert, tausend, zweitausend
machen?*
Es ist die Taktik der Schlange im irdischen Paradies: Die Gaben,
die wir besitzen, nicht als Wert, sondern als Beschränkung, nicht
als Mittel zur Erhöhung, sondern als Last und als Einengung der
Freiheit darzustellen und zugleich endlose Reichtümer vorzugau-
keln: „Ihr werdet wie Gott."
Pinocchio läßt sich schuldhaft davon erobern. Aber seine Sünde
wie die der Stammeltern besteht nicht darin, daß er der Verlockung
eines märchenhaften Schatzes erliegt, sondern daß er ihn außerhalb des Heimwegs sucht in der Meinung, man könne das Glück
finden, wenn man vom Vater wegläuft, anstatt zu ihm zu gehen.
Im Grund genommen sind die Verheißungen des Herrn nicht weniger verblüffend als die des Teufels. Das, was abwegig und böse ist,
ist die Meinung, man könne wachsen und gedeihen, wenn man vor
der Liebe davonläuft, die uns geschaffen hat.

Wir arbeiten einzig und allein, um andere reich zu machen.
Die Verführer täuschen Freundschaft mit dem Vater vor, predigen
aber noch mehr die Liebe zum Nächsten. Solidarität, Uneigennutz
und Gerechtigkeit um jeden Preis sind ihre bevorzugten Themen,
so daß wir unwillkürlich denken: *Das sind aber ehrliche Leute!*

Der Apostel Paulus hat uns auch schon davor gewarnt: „... der Satan tarnt sich als Engel des Lichts. Es ist also nicht erstaunlich, wenn sich auch seine Handlanger als Diener der Gerechtigkeit tarnen" (2 Kor 11,14–15). So ist es auch heute noch. Der Teufel ändert seine bewährten Tricks nicht.

In unserer Geschichte sind es zwei Versucher, und der eine wiederholt die Phrasen des andern. Auch das ist interessant. Anstatt die Meinung durch Beweise zu bekräftigen, was mühevoll und riskant ist, überzeugen sie lieber dadurch, daß sie ihre Aussprüche ununterbrochen wiederholen und einhämmern.

Fuchs und Kater haben Schule gemacht. Auch heute sind deren viele, die anstelle von Beweisgründen ihre plumpen Behauptungen einfach ständig wiederholen: „Ich wiederhole es dir zum zehnten Mal, also ist es wahr." Das ist scheinbar ein Grundprinzip der zeitgenössischen Logik.

Vor die Wahl gestellt, ob er nach Hause gehen oder ins Spielzeugland fahren soll, faßt Pinocchio den Entschluß nicht voreilig, sondern fühlt sich auch von der Treue zu den guten Vorsätzen angezogen, so daß seine erste Antwort eine Absage an das Böse ist: *Nein, ich will nicht mit.*

Aber die beiden Vagabunden sind geschickt in ihrem Handwerk, staunenswerte Versprechen zu machen, so daß am Ende der Vater mit der Einfachheit und Wahrheit seiner Geschenke schwächer zu sein scheint und wieder unterliegt: *Gehen wir augenblicklich! Ich komme mit.*

Dreizehntes Kapitel

Das Gasthaus „Zum roten Krebs"
Oder
Das Wiederaufleben
des erloschenen Gewissens

Das Abendessen im Gasthaus „Zum roten Krebs", das ihn doch eine seiner kostbaren Zechinen kostet, verläuft keineswegs erfreulich für den armen Hampelmann. Der unglückselige Entschluß, der das Gespräch mit dem Fuchs und dem Kater beendete, macht ihm das Herz schwer. Er fühlt instinktiv, daß er wieder vom Weg abgekommen ist. Dieses Empfinden genügt zwar nicht, um ihn zur Umkehr zu bewegen, aber es bedrückt ihn und verdirbt ihm den Appetit. *Er bestellte eine halbe Nuß und ein winziges Stück Brot und ließ alles stehen.*

Um Mitternacht wagt sich Pinocchio hinaus in die Finsternis, um zum Wunderfeld zu gehen. Alles jagt ihm Angst ein und widert ihn an. Und doch will er sein Vorhaben, das töricht und unsinnig erscheint, wie es oft der Fall ist, in die Tat umsetzen. Er fühlt sich gleichsam von einem unvermeidlichen Schicksal gepackt und überwältigt und findet trotz des schwierigen Weges in Angst und Dunkelheit nicht die Kraft, anzuhalten und umzukehren. Im Guten und im Bösen hat man manchmal den Eindruck, das Herz verschenkt zu haben, so daß die Entscheidungsfreiheit alles auf eine Karte gesetzt hat. Jemand hat das treffend „Grundsatzentscheidung" genannt. Man kann dieser Bezeichnung zustimmen, vorausgesetzt, sie wird nicht absolut verstanden und beeinträchtigt nicht die Möglichkeit, die Entscheidung zu widerrufen, was zum Glück in unterschiedlichem Maß bis zum letzten Augenblick des Erdenlebens der Fall ist. Mit anderen Worten, die Grundsatzentscheidung ist zulässig, wenn sie nicht zu grundsätzlich ist.

Pinocchio erlebt die zweite Nacht als einsamer Wanderer, die zweite Nacht in Abwesenheit des Vaters.

Die Nächte der Verirrung sind nicht alle gleich. Ja, die Dunkelheit ist immer gleich, aber diese dunkle, absolut stille, von keinem Blitz und Sturm bewegte Nacht ist noch schrecklicher als die Gewitternacht. Während er hartnäckig auf dem falschen Weg weitergeht, scheinen alle Lebewesen um ihn herum den Atem anzuhalten. Das Universum wartet auf einen großen Betrug oder auf ein schweres Verbrechen. Das Gefühl der Abwesenheit und völligen Leere wird im bleiernen Schweigen, unterbrochen nur vom Geräusch unbekannter umherschwirrender Nachtvögel, immer bedrückender. *Kein Blatt bewegte sich ringsum. Nur einige gräuliche Nachtvögel ... stießen mit ihren Flügeln an Pinocchios Nase.* Da ist nicht mehr zu helfen, würde man sagen. Aber solange man unterwegs ist, und sei es auch auf dem Weg des Bösen, ist die Abwesenheit entgegen allen Anschein nie vollständig und unwiderruflich. Die metaphysische Wüste ist mehr eine Vermutung, durch die sich der Sünder unbewußt selbst strafen will, als eine Wirklichkeit. Solange nicht die endgültige Nacht und die ewige Lähmung hereingebrochen sind, gilt Jesu Wort: „Mein Vater ist noch immer am Werk, und auch ich bin am Werk" (Joh 5,17). Diese göttliche Wirksamkeit läßt immer noch hoffen.

In der scheinbar totalen Finsternis schimmert ein wenn auch *blasses trübes Licht, gleich einem Nachtlämpchen aus durchsichtigem Porzellan,* aber es genügt, um die Herrschaft der Finsternis aufzuheben. *Auch wenn es eine so schwache Stimme ist, als käme sie aus dem Jenseits,* reicht sie aus, um die unheimliche Stille zu durchbrechen, in der durch den Tod Gottes alle Lebewesen gleich ihm tot zu sein scheinen. *Ich bin der Schatten der Sprechenden Grille.* Es ist also nicht so leicht, das Gewissen ein für allemal auszulöschen und zum Schweigen zu bringen. Oder, besser gesagt, es ist ganz leicht, denn wir haben gesehen, daß die Sprechenden Grillen sehr anfällige Wesen von zarter Konstitution sind, die man mit einem wohlgezielten Schlag töten kann. Aber sie können ganz unvermutet und im unwahrscheinlichsten Moment wieder aufleben und in Erscheinung treten, wenn auch nur verschwommen und schattenhaft.

Die Mahnung der Grille nützt aber nichts. Pinocchio lehnt alles ab, was seine grundsätzliche Entscheidung in Frage stellen könnte und die mühsame und schmerzliche Ausübung der Freiheit auf den Plan rufen würde. Er zieht die niederdrückende Ruhe einer widerstandslosen Kapitulation vor. In der getrübten Logik des Sünders ist die völlige Finsternis, die jede aufkeimende Unsicherheit verhindert, besser als der schwache Lichtschimmer, der von neuem die mühevolle Suche nach einem anderen, besseren Weg anzubieten scheint.

Die Grille führt eine ganze Reihe von Beweisgründen an, um Pinocchio daran zu hindern, auf seinem törichten Entschluß zu beharren. Das Gewissen, das manchmal nur eine innere Regung, ein unmotivierter innerer Widerstand, eine unerklärliche Abneigung zu sein scheint, gründet in Wirklichkeit immer in der Vernunft, und hinter seinen scheinbar blinden und autoritären Gesetzen ist immer der Glanz der Wahrheit. Ja, seine Kraftquelle ist die Wahrheit, so daß man, wenn man auf die Stimme des Gewissens hört und seine Beweisgründe näher untersucht, am Ende die Waffen streckt und sich im eigenem Tun und Handeln von ihm leiten läßt. Die zeitgenössische Kultur, die den Begriff „Reue" nach und nach mit dem des „Schuldkomplexes" ersetzt hat, um gleichsam deren Blindheit und Kritiklosigkeit auszudrücken, begeht eine offensichtliche Fälschung und schafft die Voraussetzungen für einen seltsamen Betrug, dessen Baumeister und Opfer der Mensch selbst ist.

Denn die Entscheidung zugunsten des Bösen ist unvernünftig und gerade deshalb oft unverrückbar. *Ich will weitergehen!* lautet die monotone und fast besessene Antwort Pinocchios auf die vielen Einwände der Grille. Unbeständig und innerlich unsicher, täuscht er hier die Charakterfestigkeit des Menschen vor und erweist sich nur als töricht und halsstarrig. Jedem Einwand setzt er nur den trüben Akt des Willens entgegen, der sich nicht erleuchten lassen will.

Immer die gleiche Leier! ist Pinocchios und unser aller letztes Wort, die wir in ihm dargestellt sind. Er kümmert sich überhaupt nicht darum, ob eine Auffassung wahr oder falsch, recht oder unrecht ist. Es genügt, daß sie allbekannt ist, und schon hat sie seltsamerweise an Wert verloren. Für die Menschheit wäre es schon der Anfang von Weisheit, wenn sie sich angewöhnte, *die gleiche Leier* und ihre Lebenslehre aufmerksam zu prüfen.

Das Ende ist traurig. Weil man schließlich niemand daran hindern kann, eine Dummheit zu begehen, respektiert die Sprechende Grille unsere Grundrechte: *sie verlosch plötzlich wie ein Licht, das ausgeblasen wird; und die Straße war noch dunkler als zuvor.*

Vierzehntes Kapitel

Pinocchio fällt den Mordgesellen in die Hände,
weil er dem guten Rat der Sprechenden
Grille nicht gefolgt ist.

Oder

Das Problem der Gewalt

Während Pinocchio im Finstern weitergeht, fängt er wieder an nachzudenken. Man kann von ihm durchaus sagen, daß er nachdenkt. Allerdings hilft es ihm nicht, klügere Entschlüsse zu fassen. Aber zweifellos besitzt er ein bemerkenswertes Innenleben. Das Denken ist eine ambivalente menschliche Tätigkeit, „für das die einzelnen Menschen durch Gottes Auftrag sich abmühen", sagt Kohelet ermutigend (1,13), und es kann auch der Beginn der Rettung sein.

Verfolgen wir den Monolog unseres Helden. Die erste Überlegung ist eine Klage über die Bevormundung durch Lehrer und Väter: *Wenn es nach ihnen ginge, dann würden sie sich alle in den Kopf setzen, unsere Väter und Lehrmeister zu sein: alle, auch die Sprechenden Grillen.* Pinocchio hat nicht unrecht. Das Leben ist verseucht von Leuten, die sich uns gegenüber eine Vaterschaft und ein Lehramt anmaßen. Unser Herr Jesus, der uns alle gut kannte, hat uns deshalb eine deutliche und befreiende Anweisung gegeben: „Auch sollt ihr niemand auf Erden euren Vater nennen; denn nur einer ist euer Vater, der im Himmel. Auch sollt ihr euch nicht Lehrer nennen lassen; denn nur einer ist euer Lehrer, Christus" (Mt 23,9–10).

Wenn uns das vom Geschick zugefallene Amt oder unser Charisma oder die Vorsehung in eine tatsächliche Führungsposition versetzt oder uns ein Dienst- oder Lehramt zugedacht hat als Stimme und Gegenwart des einen Vaters und des einen Lehrers gegenüber den Brüdern und Schwestern, dann lassen wir uns nur mit einem gewissen Unbehagen, nicht ohne Verlegenheit, nicht ohne einen unüberwindlichen inneren Widerstand mit diesen Titeln benennen, denn sie sind die höchste, ehrenhafteste und unverdienteste

Bezeichnung, die von der Eitelkeit und Schmeichelei hervorge-
bracht wurde.

Auch die Sprechenden Grillen. Pinocchio irrt sich. Die Grille ist kein
anderer Vater, sondern eine sprechende Gegenwart des einen Vaters. Durch diese Stimme will der Vater – auch wenn wir von ihm
fortlaufen und meinen, unerreichbar zu sein, bei uns sein und das
geduldige Werk der Eroberung des Herzens beginnen.

Während Pinocchio noch über sich selbst nachdenkt, tauchen hinter ihm die gefürchteten Mörder auf, mit großen Messern bewaff-
net und entschlossen, sie zu gebrauchen. Um jedes Mißverständnis zu vermeiden, haben sie auch die charakteristische Kleidung
angelegt: *zwei schreckliche, in Kohlensäcke eingehüllte Gestalten, die
wie Gespenster hinter ihm her springen.*

Jeder, Pinocchio ausgenommen, erkennt sofort, daß die beiden ver-
dächtigen Gestalten, wie von den Ängsten des Hampelmanns
plötzlich herbeigerufen, alte Bekannte sind. Fuchs und Kater, als
Bösewichte verkleidet, haben beschlossen, mit Gewalt das zu erreichen, was sie auf friedlichem Weg durch die List schon erreichen
konnten. Der Unglückselige läuft freiwillig zum Wunderfeld, um
die Anweisungen der beiden zu befolgen und seine vier Zechinen
im Boden zu vergraben. Sie greifen ein, indem sie den ursprünglich einfachen und wirksamen Plan ändern und sozusagen das Kind
mit dem Bad ausschütten. Für diese Stelle der Erzählung findet sich
nirgendwo im Buch eine Erklärung.

Diese Art von Schizophrenie im Vorgehen gegen Pinocchio –
gleichsam zwei sich überlagernde Schlachtpläne oder zwei ver-
mischte Tonpartituren – mag uns daran erinnern, daß zum Glück
auch das Reich des Satans in sich gespalten ist und der verfolgte
Mensch deshalb einen Augenblick Atem schöpfen kann.

Aber man darf sich nicht zu sehr auf die Ermüdung und Entmu-
tigung der Mächte des Bösen verlassen. Als die Mörder in den Graben stürzen, lacht Pinocchio fröhlich und erleichtert auf, überzeugt,
ihnen entronnen zu sein. Aber als er sich umdreht, sieht er, daß
die Verfolgung unerbittlich weitergeht. *Als er sich einmal umdreh-
te, sah er, daß sie ihm wieder hinterherliefen, immer noch vermummt in
ihre Säcke und triefend vor Nässe wie zwei Körbe ohne Boden.*

Dieses Kapitel erlaubt uns, auch das Thema „Gewalt" anzustoßen und in den entsprechenden Kontext des Bösen einzuordnen. Die Gewalt ist eine besonders niederträchtige und verwerfliche Form der Bosheit, weil sie von Natur aus auf die Versklavung des Menschen abzielt, der doch ein selbständiges Geschöpf und Herr seiner Entscheidungen ist. Wenn die Gewalt ihn auch nicht physisch verletzt und sein Leben nicht gefährdet, will sie doch den Kindern Gottes Angst einjagen und sie dadurch niederdrücken und entmutigen; sie verletzt die unverschuldete Schwachheit und zielt darauf ab, das vernunftbegabte Geschöpf, das angesichts der Gewalt erfährt, wie nutzlos sein Denken und Wollen ist, zum Ding zu degradieren. Die Gewalt unter den Menschen ist der schwerste Angriff auf die ursprünglichen Gesetze des Zusammenlebens und auf unsere Natur als geselliges Wesen. Jeder, „der sich gegen den Müden und Trauernden erhebt und einen unsterblichen Geist betrübt", ist verabscheuenswert.

Mancher lobt die Gewaltausübung, wenn sie dazu dient, Gerechtigkeit zu erlangen und eine Tyrannei zu stürzen. Die staatliche Ordnung, sagt man, sei auf Grund ihrer unsauberen Strukturen Prinzip einer Gewalt, die unter dem Mantel der Gesetzlichkeit nicht weniger zu verabscheuen ist als die der Schläger und Bombenleger.

Man könnte diese Argumentation gelten lassen, obwohl sie nicht ohne weiteres anzuwenden ist. Es gibt praktisch keine Brutalität, die ihren eigenen Untaten nicht ideelle Gründe aufpfropfen möchte. Wenn es eine gäbe, wäre sie eine so aufrichtige, ehrbare Unehrbarkeit, daß sie zwar keine Bewunderung, aber doch Staunen verdienen würde.

Vor allem ist festzuhalten, daß die revolutionäre Gewalt sich sehr selten gegen wirklich und vollständig unterdrückende politische Systeme richtet, es sei denn, die Gewaltherrschaft ist fünftausend Kilometer weit entfernt oder liegt dreißig Jahre zurück. Gegen einen Absolutismus, der zugleich ein vollendeter Unterdrücker und Sklavenhalter bis zum Blutvergießen ist, wagt weder ein Privatmann noch eine Gruppe einen wirksamen Krieg zu entfesseln. Auch die berühmte Oktoberrevolution, um bei dem bekanntesten Beispiel zu bleiben, hat nicht so sehr den zaristischen Despotismus als die blutarme und verweichlichte Republik Kerenskijs gestürzt. So ist es eigentlich besser, die Abhandlung über die Gewalt mit einer vollständigen unterschiedslosen Absage an diese zu beenden.

Fünfzehntes Kapitel

Die Mordgesellen verfolgen Pinocchio,
und als sie ihn gepackt haben, hängen sie ihn
an einem Zweig der Großen Eiche auf.

Oder

Das Geheimnis des Todes

Während Pinocchio den schwarzen Mördern, die ihn unterbittlich verfolgen, zu entfliehen sucht, wird die Hoffnung auf eine Zuflucht geweckt: *ein schneeweißes Häuschen, das zwischen den Bäumen hindurchschimmert.* Aber es erweist sich nicht als gastliches Haus. Es wird nur von *einem schönen Mädchen mit türkisblauem Haar und einem Gesichtchen, so weiß wie ein Wachsbild,* bewohnt, das behauptet, tot zu sein und auf die Totenbahre zu warten. So gelingt es den Bösewichten, den Hampelmann am Hals zu fassen und ihn an der Großen Eiche aufzuhängen, wo er nach dreistündiger Agonie seine Augen schließt und stirbt.

Die Tatsache, daß Pinocchio wirklich gestorben ist, muß betont werden, weil die Fortsetzung des Märchens uns glauben machen könnte, daß es sich nur um einen Scheintod handelte.

In Wirklichkeit schrieb Collodi am Ende des 15. Kapitels in Großbuchstaben das Wort ENDE, das in der „Kinderzeitung" auch abgedruckt wurde. Für ihn war Pinocchio wirklich gestorben und das Buch damit abgeschlossen. Der Tod des Hampelmanns am Strang sollte den Höhepunkt und deshalb auch den bedeutsamsten Augenblick des Märchens darstellen.

Es war, wenn man will, ein bitteres Ende. Der hölzerne Hampelmann erreicht den Gipfel der Vermenschlichung, indem er mit uns das Geheimnis des Todes teilt, so daß hier die Überzeugung angedeutet und inbegriffen ist, daß der Tod letztlich Sinn und Ziel von allem und besonders des Menschen sei. „Es scheint, daß das Dasein der Dinge das Sterben zum Ziel hat. Weil das, was nicht war, auch nicht sterben konnte, sind die Dinge, die sind, aus dem Nichts hervorgegangen", schrieb Leopardi.

Das Märchen wurde vier Monate später in derselben Zeitung auf Wunsch der „kleinen Leser" fortgesetzt, die das Ende und diesen Ausgang nicht akzeptieren wollten. Sie lehnten dieses Ende nicht als unpoetisch ab, sondern spürten, daß es der Botschaft, die das Buch in der Bildersprache ausdrücken wollte, nicht angemessen war. Die Kinder hatten, wie wir gesehen haben, in Bezug auf den Einstieg in das Märchen nachgeben müssen, aber bei seinem Ausgang ist es der Autor, der sich der Logik seines Werkes beugt.

Immerhin hat Collodis bizarrer Seitensprung im harmonischen Ablauf der Erzählung das Gute an sich, daß der Tod zu den Themen unserer Reflexion hinzukommt.
Wie zu erkennen ist, stellt Pinocchios Agonie, während er drei Stunden am Baum hängt, die Agonie dessen dar, der nach dem prophetischen Pilatus-Wort der „Mensch" und damit unser aller Urbild ist. Sogar der letzte Ruf Christi nach dem Vater und der Wunsch, ihm das entschwindende Leben zu übergeben, klingt nach: *Ach, lieber Vater! ... Wenn du nur hier wärst! ...*
Und so wird uns gesagt, daß jeder menschliche Tod, der sich irgendwie mit dem Schöpfer des Lebens zu verbinden weiß und ihm nachgebildet ist, in das Geheimnis des Todes des Gottessohnes eingeht und in mancher Hinsicht an seinem Heilswerk teilhat.
Wir erfahren hier auch, daß der Vater der einzige ist, der am Ende bleibt. Zuerst wollen wir alles ausprobieren, wenden wir uns an alle in dem Versuch, ihm irgendwie zu entfliehen. Dann lassen wir uns in seine Arme fallen. Selbst unsere geistlichen Ausflüge sind vielleicht von der schwachen Ahnung begleitet, daß der Vater immer da ist und zu jeder Zeit bereit, uns aufzunehmen, so lange und so hartnäckig auch das Herumirren gewesen sein mag. Wir heben ihn auf bis zuletzt, weil wir die Gewißheit haben, ihn zu finden, wenn jede andere Hoffnung verflogen sein wird. Für ein widerspenstiges Herz ist auch das eine Weise, Liebe zu bezeigen.
Aber manchmal ist es notwendig, daß über uns alles zusammenbricht und uns alle Erwartungen enttäuschen. Dann tritt der Gedanke an den Vater vor allen Trugbildern ins Bewußtsein: *Doch als er so wartete und merkte, daß niemand, einfach gar niemand kam, da mußte er an seinen armen Vater denken ...*

Bevor Pinocchio festgehalten und aufgehängt worden war, hatte er die Rettung gesehen: Er sah mitten durch das dunkle Grün der Bäume in der Ferne ein schneeweißes Häuschen schimmern. Es ist ein sehr fern liegender Ausblick, nicht so sehr wegen der Entfernung, sondern wegen der Verschiedenheit und dem starken Kontrast gegenüber der herrschenden Finsternis und dem Schrecken des Hampelmanns. Es ist die Vorahnung eines anderen Lebens, einer anderen Welt, einer anderen Befindlichkeit.

Dieses schneeweiße Häuschen hilft nicht nur dem, der das Glück hat, dort zu wohnen, sondern auch allen, die in der Finsternis umherirren und vergeblich der Angst zu entfliehen suchen. Sein Dasein ist ein Geschenk, und sein zaghaftes Aufleuchten in der Finsternis ermutigt die Verirrten.

Aber Gottes Geschenke sind nicht immer leicht zugänglich. Das weiße Häuschen liegt weit entfernt. Pinocchio erreicht es erst *nach einem verzweifelten, fast zweistündigen Lauf,* und als er schließlich anklopft und *mit Kopf und Füßen gegen die Tür angeht,* gelingt es ihm nicht, Einlaß zu finden. Nach soviel Mühe, denkt man, müßte ihm die Aufnahme zustehen und die Türen müßten sich öffnen. Aber sie bleiben geschlossen, und alles bleibt still.

Wenn ich noch die Kraft hätte, dieses Haus zu erreichen, wäre ich vielleicht gerettet, sagt sich der Hampelmann. Die Kirche ist der einzige Rettungsanker im Schiffbruch des Lebens, weil in ihr die Erkenntnis der Wahrheit, die Möglichkeit, zu hoffen und die Fähigkeit, in der Liebe zu leben, bewahrt wird. Aber der Mensch, der nach vielen Enttäuschungen und vielen Gefahren die Schwelle erreicht, fühlt sich oft gleichsam abgewiesen.

Selbst die Tatsache, daß sie ein „Haus" ist („das Haus Gottes, das die Kirche des lebendigen Gottes ist", wie Paulus sagt: vgl. 1 Tim 3,15), was auch der Grund ihrer Heilsbedeutung ist, scheint den, der aus dem wilden Leben in den Wäldern kommt, zu irritieren und sogar zu provozieren.

Während Pinocchio verzweifelt an die Tür klopft, läßt sich endlich das schöne Mädchen mit dem türkisblauem Haar sehen. So kommt im Märchen eine weitere Hauptfigur hinzu, die eine sorgfältige Analyse erfordert. Zunächst stellen wir fest, daß ihr erstes

Auftreten enttäuschend ist. Dem aufgeregten und ungeduldigen Menschen stellt sich die ihm angebotene Rettung abstrakt und trügerisch wie ein Gespenst dar. Selbst die Kirche scheint manchmal eine schon längst erstorbene Wirklichkeit, eine leblose Form zu sein, die vielleicht einmal Lebenskraft besessen hatte, aber jetzt blutleer und erloschen und nicht mehr imstande ist, jemanden wiederzubeleben.

Gottes Wirken in der Welt – von dem manchmal etwas zu Ohren kommt – scheint nicht selten eine unbegründete Vermutung, und das Christentum erweist sich beinahe als störender Leichnam einer einstmaligen Hoffnung.

Auch ich bin gestorben: Der moderne Mensch befindet sich der Kirche gegenüber oft im Seelenzustand dessen, der seit einiger Zeit die Leiche seiner Mutter im Hause hat und nicht weiß, was er damit tun soll. Er spürt tiefes Bedauern, er weiß, daß die Leere nicht zu füllen ist, aber er wünscht sich, daß das Begräbnis möglichst bald stattfindet. *Ich warte auf die Bahre, die mich fortbringen soll.*

Der Rest des Märchens wird zeigen, daß der Todesnachweis vorzeitig und unbegründet war.

Sechzehntes Kapitel

Das schöne Mädchen mit dem türkisblauen
Haar läßt den Hampelmann vom Baum
nehmen, legt ihn ins Bett und ruft drei Ärzte,
um zu erfahren, ob er lebendig oder tot sei.
Oder

Das „weibliche Prinzip" in der Heilsgeschichte

Collodi, der nun durch die Umstände gezwungen war, die „verrückte" Geschichte – um das Adjektiv eines angesehenen Philosophen zu gebrauchen, der von diesem Werk scheinbar nicht viel verstanden hat –, wieder in Gang zu bringen, nahm deshalb die Hypothese von Pinocchios „Scheintod" zu Hilfe: *er schien mehr tot als lebendig.*
Pinocchio lebt also noch, und da stellt sich heraus, daß auch das Mädchen mit dem türkisblauen Haar noch am Leben ist, trotz ihrer erstaunlichen Aussage im vorhergehenden Kapitel: *Auch ich bin gestorben.* Ja, man erfährt sogar, daß sie *eine gute Fee ist, die seit über tausend Jahren dort nahe am Wald lebte.*
Die Fee ließ den armen Hampelmann vom Baum herunterholen und *trug ihn in ein Kämmerchen mit Wänden aus Perlmutter und ließ sogleich die berühmtesten Ärzte aus der Umgebung rufen,* unter denen wir auch die Sprechende Grille entdecken.

Mit diesem 16. Kapitel, das, wie gesagt, nach einer längeren Pause und einer providentiellen „Sinnesänderung" veröffentlicht wurde, erhält das Märchen eine andere Form und wird durch neue Themen bereichert. Bisher hatte sich alles innerhalb des ursprünglichen Rätsels der Pinocchio-Geppetto-Beziehung abgespielt, einer Beziehung, die zugleich geschöpfliche Abhängigkeit und Sohnesliebe ist und sich als sehr komplex und schwierig herausstellt auf Grund des seltsamen Verhaltens des Hampelmanns, der sich von seinem Schöpfer zugleich angezogen und abgestoßen fühlt.

93

Wäre der Vergleich nicht ungebührlich, könnten wir sagen, daß die ersten fünfzehn Kapitel ein wenig das Alte Testament der Heiligen Schrift darstellen. Bis dahin erscheint keine Frau in der Erzählung. Die Auseinandersetzung mit dem Vater, die Flucht vor ihm und das Heimweh nach ihm verläuft ganz ohne Mittler.

Die Fee ist also die große Neuheit in diesem Teil der Erzählung, eine Neuheit, die die Zweierbeziehung nicht verdeckt, sondern sich in diese einschaltet, sie lebendiger und interessanter macht, ohne sie zu entstellen.

So ist zu verstehen, daß wir den Kommentar erst fortsetzen können, wenn wir die Frage der „theologischen Natur" der Fee gelöst haben, die zu den tiefsten Aussagen dieses schwierigen Buches gehört.

Man darf hier nicht zu eilig und einseitig vorgehen. Gerade weil die Fee im Mittelpunkt der ganzen verwickelten Beziehung zwischen dem Vater und dem Sohn steht und weil es ihr zu verdanken ist, daß zwischen ihnen eine vollkommene und endgültige Gemeinschaft entsteht, ohne daß sie je das „dritte Glied" der Familie wird, ahnt man, daß ihre Sinnbildlichkeit zugleich umfassend und einend sein muß. Die Gestalt der Fee verlangt von uns eine Lektüre, die nicht voreilig oder oberflächlich auf die vielen möglichen Deutungen verzichtet.

Als einzige Frauenfigur des Märchens hat das schöne Mädchen natürlich die Aufgabe, das „weibliche Prinzip", das im ganzen Heilswerk gegenwärtig und wirksam ist, in seinen vielfältigen Ausdrucksformen darzustellen.

In erster Linie würdigt diese Erscheinung Gottes Plan, auf den schon am Anfang dieses Kommentars hingewiesen wurde und den uns die Offenbarung sehr deutlich in Gestalt einer Frau vorstellt. Es geht um die „Weisheit", die Gott schon am Anfang ihrer Wege liebt und, wie die Bibel es nennt, „erkennt". Sie ist göttlich und ewig wie alles, was im Geheimnis des unendlichen Seins gegenwärtig und irgendwie „geschaffen", das heißt Frucht eines freien Willens und einer Liebe ist, die, ohne daß es notwendig gewesen wäre, ihren Anfang genommen hat. „Sie ist der Widerschein des ewigen Lichts ... und schafft Freunde Gottes und Propheten" (Weish 7,26–27).

Sie ist nicht der vollendete Entwurf (ein in sich widersprüchlicher Begriff). Aber der Allmächtige ist von ihrer Schönheit fasziniert: „Der Herr über das All gewann sie lieb" (Weish 8,3). Deshalb erwählt er sie, durchdringt sie und besitzt sie mit seiner ganzen Schöpferkraft. Da sie mit dem göttlichen Wesen gleichzusetzen ist und zugleich „ad extra" die lebendige und einende Wurzel aller Dinge ist, können wir sie „Einheit und Ganzheit" im Sinn der einzigen wahrhaft konkreten Wirklichkeit nennen, an der alles Seiende teilhat. Kein Geschöpf kann ja nicht einmal auf der Begriffsebene aus der Weisheit herausgerissen werden, ohne daß seine Erkennbarkeit im einzelnen verändert oder eingeschränkt wird.

Das Gespür unseres Volkes beruft sich auf sie, wenn es von der Vorsehung als einem mütterlichen Prinzip spricht, das unser Geschick liebevoll begleitet und den Lauf der Geschichte der Völker regelt.

Mit schöpferischer Kraft ausgestattet, blieb die „Weisheit" nicht im Zustand einer reinen Ideenwelt, sondern verwirklichte sich im geschaffenen Universum und begann das geheimnisvolle Dasein der Geschöpfe zu leben, die als äußere Beziehungen vom obersten Grund abhängen.

Die erste Verwirklichung ist von der menschlichen Natur Christi her gegeben, die unauflöslich mit dem substantiellen wesensgleichen Wort des Vaters verbunden ist. Das Wort hat sie mit solcher Wucht erobert und beherrscht sie so stark, daß es sie göttlich personifiziert und in vollkommener Vereinigung der personalen Einheit an sich bindet.

Deshalb heißt es, daß es mit dem Himmelreich ist wie mit einem König, der die Hochzeit seines Sohnes vorbereitete (Mt 22,2). In der Menschwerdung des Sohnes Gottes wird die menschliche Natur wie eine Braut beschenkt, unwiderruflich geheiligt und für immer in die unaussprechlichen Geheimnisse der Gottheit eingeführt.

Aber die menschliche Natur Christi ist das Urbild und der endgültige Grund von allem: Alle Dinge leben in ihm, alle Dinge rühmen objektiv seine Herrlichkeit, denn in ihrem Dasein spiegeln sie irgendeinen Aspekt seiner Vollkommenheit wider. In ihm findet jeder Mensch und durch den Menschen jedes Dasein sein Urbild.

Christus, der Gekreuzigte und Auferstandene, ist der „Anfang", der „Erstling", der „Erste": der Erstgeborene der Geschaffenen, das Haupt der Kirche (vgl. Kol 1,15–20). Denn die Kirche „ist sein Leib und wird von ihm erfüllt, der das All ganz und gar beherrscht" (Eph 1,23). So setzt sich die Verwirklichung des göttlichen Plans fort.

Die Kirche ist insofern geschaffen, als sie Frucht der Erlösungstat ist, die alles neu macht. Sie ist also der göttliche Plan, der nach und nach dadurch Wirklichkeit wird, daß „wir zum vollkommenen Menschen werden und Christus in seiner vollendeten Gestalt darstellen" (Eph 4,13). Als erneuerte Wirklichkeit wird sie selbst Mitprinzip der Erneuerung. Als erlöste und geheiligte Menschheit wird sie in Gemeinschaft mit dem Erlöser zur heiligmachenden Erlöserin. Sie wird also in dem Maß fruchtbar, in dem sie bräutlich verbunden ist: Sie wird zur Mutter der neuen Lebendigen, weil sie Braut des neuen und wahren Adam ist.

Die Gestalt der Fee verdeutlicht in passender Weise die kirchliche Wirklichkeit: Das schöne Mädchen mit dem türkisblauen Haar ist die Braut „ohne Flecken oder Falten" (Eph 5,27).

Sie ist *schön*, denn in ihr ist kein Makel, weil sie ihrem Wesen gemäß alles Heilige und Geheiligte in der Welt – und nur das – in sich aufnimmt. Alles Geheiligte, das also, was objektiv vom Lebensstrom des dreifaltigen Gottes erfaßt wird, und zwar nicht auf Grund einer freien Zustimmung der Geschöpfe, sondern nur auf Grund des heiligmachenden Willens Christi. Und alles Heilige, das also, was im geheimnisvollen Wechselspiel des Dialogs mit der Freiheit des Menschen vom Lebensstrom des dreifaltigen Gottes erfaßt wird.

Sie ist *Mädchen*, weil ihre Mutterschaft gegenüber den „neuen Lebendigen" jungfräulich ist und nur von der gegenseitigen Liebe, die sie mit dem Sohn Gottes verbindet, erweckt und gestützt wird.

Sie hat *türkisblaues Haar*, um anzudeuten, daß ihr Leben nicht im Licht der irdischen Gründe zu verstehen ist, und daß sich ihr Geheimnis aus der wahren, unerschöpflichen Quelle im Himmelreich ableitet.

Die Kirche, die neue Eva, die jungfräuliche und fruchtbare Frau, hat eine einzigartige personale Verwirklichung in der Jungfrau Maria, die Zeichen und Erstlingsfrucht des ganzen Geheimnisses der Kirche ist, und findet zu Füßen des Kreuzes Jesu, der den Opfertod starb, ihre erste ganze Vollendung. Es fällt uns leicht, in der Fee eine deutliche Anspielung auf die Mutter Gottes und auf ihre mütterliche Sorge für uns zu sehen. Das türkisfarbene Haar erinnert uns an die italienischen Madonnen, in denen diese Farbe vorherrscht.

Wie man sieht, spielt das „weibliche Prinzip" in der Heilsgeschichte eine besondere Rolle. Und weil alles Bestandteil des einen Planes ist, können wir uns vorstellen, daß selbst die Dialektik der Geschlechter nach dem Willen des Schöpfers diese Botschaft vermittelt und uns gleichzeitig auf die göttliche Vorsehung, auf Christus als Zentrum und Sinn des Universums, auf das Geheimnis der Kirche und auf die Jungfrau Maria hinweisen will.
Jede Frau ruft uns – wenn man sie recht anblickt – den göttlichen Heilswillen ins Gedächtnis und stellt für das Auge des Gläubigen die Menschheit dar, die gerufen ist, sich ihrem Herrn zu schenken und mit ihm zu vereinen. Jede Frau, die in ihrem Leben die reine und tiefe Bedeutung des Frauseins nicht dadurch trübt, daß sie alle wahren Werte leugnet, ist gerufen, das Geheimnis der jüngfräulichen Mutterschaft Marias in einem unvollkommenen und teilweisen Muster nachzuvollziehen.
Es ist für die theologische Reflexion äußerst wichtig, daß die Vorsehung, die menschliche Natur des Wortes, die Kirche und die Gottesmutter nicht als jeweils unterschiedliche, beinahe voneinander getrennte Wirklichkeiten verstanden werden. Ja, es ist notwendig und nie mehr zu vergessen, daß man ihre wesentliche Einheit und gegenseitige Einwohnung erfaßt. Wenn man über diese Fragen nachdenkt, ist es sehr hilfreich, sie alle auf das „weibliche Prinzip des Heils" zurückzuführen. Das haben wir eben versucht. Und es ist ein sehr gelungener Einfall, all das mit der Ausdruckskraft eines einzigen Sinnbilds darzustellen und hervorzuheben, wie es uns das schöne Mädchen mit dem türkisblauen Haar erlaubt hat.
Von der Fee herbeigerufen, eilen nun *die berühmtesten Ärzte aus der Umgebung* an Pinocchios Krankenbett.

Die ersten beiden, ein Rabe und ein Kauz, geben sich würdevoll und erfahren, aber sie widersprechen einander und wissen keinen Rat. Der Autor will in ihnen ein wenig boshaft die Wissenschaft und deren Unfähigkeit versinnbildlichen, die wahren Übel des Menschen zu heilen. Denn von ihnen erforscht und objektiviert, erscheint der Mensch als etwas Mechanisches und Zerlegbares. Unter ihrer Neugier verschwindet das Geheimnis des Menschen, aber es verschwindet auch der Mensch. Er wird bis in die innersten Fasern seiner biologischen und psychologischen Vorgänge untersucht und so einer Puppe gleichgestellt, die mit Ausdauer und Geschicklichkeit zerlegt und wieder zusammengesetzt werden kann.
Die Wissenschaft erforscht alles, aber sie erfährt nicht, warum der Hampelmann existiert und wem er Freude machen soll. Sie repariert alles, bewertet alles, aber die „Krankheit des Daseins" – des Daseins als sinnloses Ereignis – verschlimmert sich durch die Heilmittel der Wissenschaft noch mehr. In dieser Hinsicht wird die Wissenschaft, als höchster Sieg des Menschen über die Dinge gerühmt, zur bittersten Niederlage.

Der dritte Arzt, die Grille, greift nicht in den gelehrten Disput der Kollegen ein. Ihre Diagnose stimmt nicht mit den bisher gestellten Diagnosen überein, und ihre Therapie ist nicht mit deren Kur zu vergleichen. Die Hoffnung des Menschen setzt bei einem ernsthaften Gewissen an, das sich weder von zugespitzten und abwegigen Fragen noch vom Glanz der Technik bezaubern läßt, sondern der Sache auf den Grund geht, indem es den Menschen sein ganzes existentielles Elend offenbart und ihm vorschlägt, sich zu ändern.
Jetzt hörte man im Zimmer unterdrücktes Schluchzen und Weinen. Die Rettung beginnt mit einem Gewissen, das bis zu Tränen erschüttert wird, auch wenn wir lieber eines hätten, das uns verteidigt, rechtfertigt und zum willigen Komplizen wird.
Leider ist von so einem Gewissen gewöhnlich nicht die Rede. Was Gewissen genannt und auf den Plan gerufen wird, ist oft eine Art innerer Schmeichler, der sich eilig anpaßt und rasch lernt, welche Gelüste seinen Herrn bewegen, und sofort die geeigneten Worte, die notwendigen Beurteilungen und die erwartete Zustimmung zu

geben weiß. Das Gewissen, das nicht dem lebendigen Gott dient und nicht jeden Augenblick nach seinem Willen fragt, um sich dementsprechend zu formen, stirbt in kürzester Zeit, und mit ihm stirbt der Mensch, an dessen Krankenbett es gerufen wurde.

Einem gezähmten Gewissen sind die Diktate der Wissenschaft vorzuziehen. Solange man sie nicht als erschöpfende Antworten auf die tiefsten Fragen des Menschen nimmt, tun sie niemandem weh und sagen ab und zu manch wertvolle Wahrheit.
Sowohl die Diagnose des Raben: *Wenn ein Toter weint, so ist das ein Zeichen dafür, daß er sich auf dem Wege der Besserung befindet"*, als auch die des Kauzes: *Wenn ein Toter weint, dann ist das ein Zeichen dafür, daß er nicht gern stirbt"*, sind sehr bedeutsame Wahrnehmungen, die manches wichtige Gesetz des Lebens des Geistes veranschaulichen.

Siebzehntes Kapitel

Pinocchio ißt den Zuckerwürfel, will aber
kein Abführmittel nehmen; als er dann die
Totengräber sieht, die ihn abholen wollen,
schluckt er es doch. Dann lügt er, und zur
Strafe wird seine Nase länger.

Oder

Das sakramentale Prinzip in der Heilsgeschichte

Nach der pittoresken und unnützen Konsultaion beschließt die Fee, selbst die Heilung vorzunehmen. Mit ihren eigenen Händen bereitet sie die Medizin: *Sie schüttet ein weißes Pülverchen in ein Glas mit Wasser* und müht sich nun ab, Pinocchio zu überreden, die Medizin herunterzuschlucken.

Es gelingt ihr schließlich, nachdem sie neben Freundlichkeit und Zuckerstückchen Einschüchterungsmethoden und schauerliche Vorspiegelungen angewandt hatte, wie das Erscheinen der *vier Kaninchen, so schwarz wie Tinte, die auf ihren Schultern eine kleine Totenbahre trugen.*

Nachdem der Hampelmann kuriert war, bekennt er sein Unrecht und sagt etwas, was in gewisser Weise für uns alle gilt, zumindest wenn es sich um Krankheiten der Seele handelt: *Wir haben mehr Angst vor der Medizin als vor der Krankheit.*

Die Reflexion über diese Episode kann bei der Lehre beginnen, die wir aus dem vorhergegangenen Kapitel gezogen haben. Die Heilung des Menschen geht, wie wir sahen, vom schmerzlichen Urteil eines gesunden Gewissens aus, aber im Gewissen allein wird sie nicht vollzogen.

Der Mensch kann sich selbst zugrunderichten, aber er kann sich nicht selbst retten. Die Erkenntnis der begangenen Fehler ist der notwendige Anfang der Auferstehung, genügt aber nicht. Der katholische Glaube knüpft an den Heilungsprozeß eine notwendige

Bedingung, die der Mensch von heute nur sehr ungern erfüllen mag.

Die Reue ist ein schwieriges, mühsames Unterfangen, aber, zumindest soweit sie spürbar ist, ein selbständiger Akt des Geistes. Meine Würde als alleiniger Herr meiner Handlungen wird nicht verletzt.

Viel schwerer und mühsamer ist es, zu erkennen, daß ich mich nicht von allein heilen kann, auch nicht durch die eifrigste und opfervollste innere Haltung. Ebendas wird uns vom „sakramentalen Prinzip" bekräftigt, über das wir hier nachdenken wollen.

Die Sprechende Grille reicht nicht aus, es bedarf auch der Fee. Die Fee, die doch die Grille ans Sterbebett des Hampelmanns riefen ließ, übertrifft sie und schaltet sich persönlich ein, indem sie das Heilmittel spendet.

Warum mußte die Fee, die doch staunenswerte Wunder vollbringen konnte, auf ein Heilmittel zurückgreifen? Konnte sie Pinocchio nicht durch ein zärtliches Händestreicheln oder den Klang ihrer Stimme oder durch ihre unsichtbare Willenskraft heilen? Theoretisch, glauben wir, hätte sie es tun können.

Und doch verzichtet die Fee nicht darauf, ein so bescheidenes Hausmittel wie die weißen Pülverchen zu verwenden, mit denen weise und bebrillte Apotheker uns als Kinder vom Fieber heilten, lange bevor ihre verborgenen Laboratorien Warenlager versiegelter Packungen wurden und diese geheimnisvolle Atmosphäre verloren ging. Auch Jesus bereitet, als er den Blindgeborenen heilt, einen Brei aus Speichel und ein wenig Lehm zum Aufstreichen auf die Augen. Es ist das „sakramentale Prinzip": Auf diese Weise durchdringt die Erlösungstat, die der Vater durch Christi Mittlerschaft im Reich des Geistes, der Kirche, vollbringt, die alltäglichsten und einfachsten Wirklichkeiten des Universums. Und wir, die wir uns als Richter über alles Leben aufspielen, sind gerufen, uns niederzubeugen und aus dem Wasser, dem Öl, dem Brot, dem Wein das göttliche Leben und das Heil zu empfangen.

Dieses Prinzip ist eine Herausforderung, die, von der antiken objektiven und materialistischen Kultur des Mittelmeerraums aufgenommen, die Mentalität des modernen Menschen ein wenig verletzt, der mehr zu der Überzeugung neigt, daß sich jedes entscheidende Ereignis des geistlichen Lebens ausschließlich und gänzlich im Gewissensbereich abspielen müsse. Pinocchio, der das in Wasser aufgelöste Pülverchen verweigert und ihm die unerläßliche Heilswirkung absprechen möchte, ist zweifellos als Hampelmann ein Kant-Anhänger.

Aber das „sakramentale Prinzip", das uns so wenig gefällt, gefällt dem, der uns einzig und allein retten kann, vielleicht, weil es seinem lebendigen Sinn für Humor entspricht. Wahrscheinlich macht es ihm Freude zu sehen, daß der Mensch, um sein Herz wandeln zu können, seine Probleme nicht nur vor dem Gericht des Gewissens besprechen, sondern sich in der Taufe den Kopf waschen und in der Firmung sich mit Öl salben lassen muß, so wie es ihm gefällt, einen Menschen als Haupt und Retter der Engel einzusetzen.

Sicher kann das „sakramentale Prinzip" entstellt werden und zu einer magischen Auffassung führen, die den Menschen an die Dinge, die Gesten, die Formeln fesseln möchte. Aber zwischen Magie und Sakrament ist ein himmelweiter Unterschied. Durch die Magie versucht der Mensch mit unangemessenen Mitteln, Gott seinem Willen zu beugen; im Sakrament versucht der Mensch, seinen stolzen, individualistischen Willen so weit zu beugen, bis er sich in das frohe Spiel Gottes einfügt, der beschlossen hat, die einfachsten Dinge zur Würde von Heilsmitteln für das höchste Geschöpf zu erheben.

Keines der beiden Prinzipien, weder das der freien persönlichen Zustimmung des Herzens durch den Glauben noch das der einfachen menschlichen Gesten, die sich für uns mit göttlichem Reichtum beladen, darf so hervorgehoben werden, daß es das andere ausschließt. Die Wahrheit ist auch hier katholisch, das heißt, sie duldet keine einseitigen Ausschlüsse. Wir dürfen uns Christen nennen, wenn wir dem treu bleiben, der gesagt hat: „Wer glaubt und sich taufen läßt, wird gerettet" (Mk 16,16).

Wer durch den Schleier des Märchens hindurchzusehen weiß, dem wird klar, von wem die sakramentalen Handlungen vollzogen werden: Es ist das „weibliche Prinzip", das heißt die Kirche, die die

Menschheit Christi, des Gekreuzigten und Auferstandenen, darstellt und fortsetzt. Deshalb besitzt sie eine Fähigkeit, die den menschlichen Amtsträger übersteigt und der Heilsmacht des Erlösers entspricht, unter der Voraussetzung, daß sich der menschliche Amtsträger absichtlich zum kirchlichen Werkzeug macht.

Natürlich werden die Sakramente – das Öl und der Wein, womit der aus der Höhe herabgestiegene „Fremde" auch heute die Wunden des am Wegrand liegenden Verletzten geheimnisvoll heilt – nicht mehr nötig sein, wenn wir mit ihm in seinem Reich sein werden, das auch das unsrige sein wird. Die Zeit der Sakramente, das heißt die Zeit des göttlichen Reichtums, den wir in ärmlichen Worten und Zeichen besitzen, wird zu Ende sein, wenn die volle Gemeinschaft offenbar und unsere Wunde für immer geheilt sein wird.

Weil die Sakramente ihrem Wesen nach mit der Kirche und mit Christus verbunden sind, bleiben sie unerklärlich für den, der sie aus ihrem lebendigen Gesamtzusammenhang herausreißt und nur in ihrer Natur die Ursache ihrer Wirksamkeit sucht. Gerade in diesem Fall erweisen sich Meister Kirsches Theorien als Irrtum. Nach dem sakramentalen Prinzip ist eine Waschung mehr als eine Waschung, eine Salbung mehr als eine Salbung, eine Handauflegung mehr als eine Handauflegung. Mit göttlicher Kraft erfüllt, werden alle diese Wirklichkeiten in ihrer ursprünglichen Enge überschritten und erlangen eine viel höhere, unermeßliche Würde und Wirksamkeit.

In diesem Kapitel taucht auch das Thema von Pinocchios Lügen und seiner Nase auf, die durch sie länger wird.

Pinocchio ist von Natur aus kein Lügner. Dem Fuchs und dem Kater zum Beispiel sagt er jedesmal die Wahrheit. Ihnen sagt er ganz ehrlich, daß er noch die Goldmünzen besitzt. Mißtrauisch ist er nur der Fee gegenüber. Die Lügen sagt er ihr, die ihn doch mit unendlicher Geduld aus seinen Streichen und vor dem Tod gerettet hat. Er überläßt den Einfältigen den schnurgeraden Weg der Wahrheit, hat aber am Ende das Nachsehen.

Achtzehntes Kapitel

Pinocchio trifft wieder den Fuchs und den
Kater und geht mit ihnen, um die vier
Münzen ins Wunderfeld zu säen.

Oder

Die Mitgift der Werte eines
Lebens im Heiligen Geist

Der Hampelmann ist von der Krankheit geheilt und heilsam ge-
demütigt in seiner Angewohnheit, den anzulügen, der ihn liebt.
Nun will er Geppetto unbedingt wiedersehen und läuft ihm entgegen. Aber er geht dem Fuchs und dem Kater wieder auf den Leim
und endet diesmal mit ihnen im Land „Dummenfang", wo er auf
dem Wunderfeld die wertvollen Goldstücke vergräbt.

Für die Suche nach dem Vater würde es genügen, wenn Pinocchio
in dem nun so gastfreundlichen Haus der Fee mit dem türkisblau-
en Haar bliebe.
Der Treffpunkt ist hier, in der „Kirche des lebendigen Gottes, die
die Säule und das Fundament der Wahrheit ist" (1 Tim 3,15). Wenn
man sie nicht verläßt, ist die Begegnung nicht zu verfehlen, denn
vor Anbruch der Nacht wird er hier sein.
Aber das Haus ist eng, und die Feen, die alle die Angewohnheit
haben, Moralpredigten zu halten, sind langweilig. Pinocchio ist un-
geduldig. Er liebt es, auf die Suche zu gehen. Für ihn wie für den
heutigen Menschen ist das Herumstreifen im weltlichen Wald der
Zweifel und Verneinungen interessanter als die ruhige Gemeinschaft mit der Wahrheit in der warmen Wohnung der Kinder
Gottes.
Sicher hat er noch immer eine hölzerne Natur und ist noch im
Elend des Hampelmann-Zustandes gefangen. Das erklärt bis zu einem gewissen Grad sein Unbehagen, bei der Fee zu bleiben und
auf den Vater zu warten. Aber seine Armut wird gelindert durch
vier Goldstücke, die ihm zwar noch nicht den existentiellen Reich-

tum des übernatürlichen Zustandes verleihen, aber doch mehr als das bunte Papiergewand sind.

Vier Goldstücke, vier Fähigkeiten, Werte des Geistes: Alle Menschen besitzen sie zu Beginn ihres bewußten Lebens. Sie sind die Wegzehrung, die die göttliche Barmherzigkeit denen verleiht, die zu Kindern Gottes berufen sind; gleichsam ein Vorschuß an Licht und eine unerläßliche Hilfe auf dem Weg ins Himmelreich. Die Kinder Gottes besitzen zu Recht und in großem Umfang diesen Reichtum, der in Ansätzen auch dem geschenkt wird, der die Kindschaft noch nicht erlangt hat.

Sie sind: das Überzeugtsein von der Vernünftigkeit des Wirklichen, ein gewisser Grad an Gotteserkenntnis, ein hoffnungsvolles Streben nach Gerechtigkeit und eine beginnende Liebesfähigkeit. Jeder Mensch ist damit ausgestattet, wenn er sie nicht sogleich im Land „Dummenfang" vergeudet. Es sind echte und notwendige Werte, aber schwer zu bewahren, wenn man zu lange den ungehorsamen Hampelmann spielen will und sich nicht endgültig entschließt, zum Vater heimzukehren.

Jeder dieser Werte verdient unsere Aufmerksamkeit.

Das Überzeugtsein von einer grundlegenden Vernünftigkeit des Wirklichen – auch wenn sie verborgen und durch die gegenteilige Erfahrung widerlegt wird – ist die unerläßliche Voraussetzung für jeden wahren Akt des Geistes. Ja, sie wird jedesmal bekräftigt, wenn man sich anschickt zu denken, zu forschen, zu sprechen und zu handeln.

Es ist die Antriebsfeder des geistigen Mechanismus, der, wenn er nicht beschädigt ist, uns erlaubt, mit vollem Bewußtsein den Sprung des Glaubensaktes zu wagen. Denn am Ende aller Erkenntnisprozesse und aller innerer Irrwege sind wir gezwungen zu wählen zwischen der Erkenntnis eines Gottes, der die Welt geschaffen und geheimnisvoll auf seinen Mensch gewordenen, gekreuzigten und auferstandenen Sohn ausgerichtet hat, und der Wahrnehmung der vollkommenen Sinnlosigkeit des Universums.

Jeder Mensch beginnt mit einer gewissen Erkenntnis Gottes, des Urhebers und Zieles von allem. Der katholische Glaube lehrt uns, daß der menschliche Verstand entsprechend seinem Fassungsvermögen fähig ist, mit Sicherheit die Existenz Gottes des Schöpfers zu erkennen, und daß in Wirklichkeit niemand von Grund auf Atheist ist.

Diese Fähigkeit ist ein anfänglicher Schimmer, der uns antreibt, das Licht zu suchen. Sie ist ein Stück Brot der Wahrheit, das uns die Kraft gibt, bis ans Ziel zu gelangen. Geht man in der rechten Richtung, dann fehlt es nicht an weiteren kräftigen Mahlzeiten dieser wesentlichen Speise. Weicht man ab vom Weg, erfährt man Hunger, Unterernährung und Trockenheit der Seele.

Die Sehnsucht nach dem starken, berauschenden Wein der absoluten Gerechtigkeit und die Zuversicht, daß es irgendwo ein Land oder eine Zeit gibt, wo sie zu finden ist, machen den Menschen zum unermüdlichen Kämpfer. Sie lassen ihn nicht resignieren, so daß er sich nicht mit den wässrigen Lösungen einer Scheingerechtigkeit zufrieden gibt, mit der jede menschliche Gesellschaft unsern Durst löschen will, wenn man nicht zufällig einen mit dem Etikett der Gerechtigkeit versehenen sauren Wein zu trinken bekommt. Es ist ein Hoffnungskeim, der in allen Herzen wohnt, die noch nicht zu sehr von der Enttäuschung vergiftet sind. Um seinetwillen läßt sich der Mensch von keiner geschichtlichen Form des Zusammenlebens gefangen nehmen, und wenn er nicht verzweifelt, bleibt er bis zum Ende ein Pilger auf dem Weg ins Himmelreich.

Schließlich ist uns ein Ansatz von Liebesfähigkeit gegeben, gleichsam eine instinktive brüderliche Solidarität, die zwar noch nicht die Fülle der Liebe, aber doch eine wirksame Hilfe ist, zu ihr zu gelangen, und eine Stütze, damit wir unser auf Gemeinschaft angelegtes Leben vor der fortschreitenden Entmenschlichung bewahren. Man ist von Natur aus geneigt, an die Brüderlichkeit zu glauben, auch wenn man, nachdem der Sinn für den Vater verloren gegangen ist, für sie keine überzeugende Rechtfertigung mehr hat.

Der Mensch schätzt die Goldstücke so hoch, daß er nie zufrieden ist und sie bis ins Unendliche vermehren möchte. Alle sehnen sich

nach dem göttlichen Reichtum. Wie Er sein: Im tiefsten Herzens-
winkel des Menschen lauert noch immer der Reiz der ersten Versuchung.

Es ist ein verrücktes Bestreben, aber zugleich der Beweis, daß sich
jeder von uns danach sehnt, der überströmenden göttlichen Liebe
zu begegnen. Jeder weiß sich wenn auch unbewußt noch in den un-
ermeßlichen Plan des Schöpfers miteinbezogen. Der Irrtum besteht
darin, daß man sich zur Durchführung des Planes nicht an Gott,
sondern an jemand anderen wendet.

Pinocchio grub ein Loch – wie der Diener im Gleichnis von den Ta-
lenten –, *legte die vier Goldmünzen, die ihm noch verblieben waren, hinein und deckte dann das Loch wieder mit Erde zu.* Aber man überläßt
der Erde nicht ungestraft die Geschenke des Himmels, auch nicht
in der Absicht, sie zu vermehren. Am Ende gleicht man den Bewohnern von Dummenfang: *kahlen Hunden, geschorenen Schafen,
Hühnern ohne Kamm und Koller, Schmetterlingen ohne Flügel, Pfauen,
die keinen Schwanz mehr hatten, und Fasanen, die um ihre glänzenden
Goldfedern trauerten, die sie für immer eingebüßt hatten.*

Wenn der Mensch zu Recht von der Vernünftigkeit der Dinge ausgeht, aber das Rätsel des Daseins allein, von sich aus zu lösen versucht, landet er bei der Sinnlosigkeit. Wenn sich die Vernunft einkapselt, endet sie beim Selbstmord.

Er tauscht die gesunde und ursprüngliche Gewißheit, daß es einen
Urheber des Universums geben muß, gegen die scheinbare Wis-
senschaftlichkeit und die wirksame Verstrickung in schmeichelhafte Pantheismen oder traurige Atheismen. Wieviel Aufwand,
nur um sich davon zu überzeugen, daß wir Waisen sind!

Der Mensch steigert den Gerechtigkeitssinn bis zum äußersten, iso-
liert ihn und treibt einen ausschließlichen und blinden Kult mit
ihm. Und so findet er sich im bösen Land Dummenfang wieder, wo
im Zeichen der Gerechtigkeit alle entweder Räuber oder Beraub-
te sind.

Die angeborene Liebesfähigkeit, die ihn zu Beginn anspornt, für
den Menschen zu arbeiten, wandelt sich, wenn sie sich selbst überlassen bleibt, in „verbitterten Eifer", dann in Haß im Dienst der
Liebe, dann in Haß im Dienst am Haß und hilft schließlich mit,

eine Gesellschaft ohne echte Brüderlichkeit und ohne Barmherzigkeit aufzubauen.

Die Münzen, die wir besitzen, sind wirklich aus Gold, aber um sie klug zu nutzen, darf man sich nicht dem Fuchs und dem Kater anvertrauen.

Neunzehntes Kapitel

Pinocchio wird seiner Goldstücke beraubt
und bekommt dafür zur Strafe vier Monate
Gefängnis auferlegt.
Oder

Das Geheimnis des Gerichts

Pinocchio muß sich zu seinem Leidwesen und auch auf Grund dessen, was ihm ein kluger und vorwitziger Papagei erzählt hatte, davon überzeugen, daß seine Münzen auf Nimmerwiedersehen verschwunden sind.
Also wendet er sich an die Gerichtsbarkeit, die von einem imponierenden Richter, einem Affen von der Rasse der Gorilla, dargestellt wird. Dieser hört ihn *mit viel Wohlwollen* an und steckt ihn schließlich ins Gefängnis.
Pinocchio kommt erst dann aus dem Gefängnis heraus, nachdem er sich nicht als Betrogener, sondern als Betrüger ausgegeben hat.

Dieses Kapitel handelt wieder von der Gerechtigkeit und den Formen, in denen ihr Ideal in unserer Welt verwirklicht wird.
Das soll keine Polemik gegen die Menschen sein, die sie verwalten. Der Richter, an den sich der Hampelmann wendet, wird als ehrenwerte, gütige Figur beschrieben, die dem Bittsteller aufmerksam zuhört und sehr mitfühlend ist.
Aber er ist *ein Affe von der Rasse der Gorilla,* um gleichsam die Verzerrung der irdischen Gerechtigkeit gegenüber der wahren, absoluten Gerechtigkeit darzustellen. Und außer der persönlichen Liebenswürdigkeit kann er nichts anderes tun, als das Gesetz anzuwenden, das durch seine komplizierten Mechanismen gewöhnlich den Schwachen und Schutzlosen, der unschuldig ist, und nicht den Starken und Gewalttätigen, der schuldig ist, trifft.
Dieses Urteil Collodis ist bitter, aber nicht unbegründet. Es scheint beinahe eine Fatalität: Alle Bekräftigungen von Gleichheit, alle Einrichtungen zum Schutz der Menschenwürde, ja alle Versuche

der perfektesten Vorgehensweisen, die zugunsten des ehrlichen zu Unrecht von den Machthabern Verfolgten erdacht und gewollt wurden, enden nicht selten so, daß der Übeltäter und nur er, im Vorteil ist.

Es ist paradox, entspricht aber der Wirklichkeit. Der Schuldlose ist arglos, und wer arglos ist, kann sich kaum gegen die Zudringlichkeit derer wehren, die aus beruflichen Gründen hauptsächlich mit Kriminellen zu tun haben und am Ende nicht mehr wissen, was ein rechtschaffener Mensch denkt und sagt.

Pinocchio erfährt diese tragische Umkehrung der Beteiligten, wodurch mehr das Mißgeschick als die Übeltat bestraft wird: *Dem armen Teufel hat man vier Goldmünzen gestohlen. Packt ihn also und steckt ihn sofort ins Gefängnis!*

„Also" ist hier das grausame, aber wahre Wort. Es ist so wahr, daß es auch im Bezug auf den gesprochen wurde, der als unsere Gerechtigkeit, als unsere Heiligkeit und unsere Erlösung „sich unter die Verbrecher rechnen ließ" (Jes 53,12). Von ihm sagte Pilatus, der bekannteste Richter in der Geschichte: „Nehmt ihr ihn (also) und kreuzigt ihn! Denn ich finde keinen Grund, ihn zu verurteilen" (Joh 19,6). Wenn das dem Sohn Gottes geschehen ist, besteht keine Hoffnung, daß es den anderen besser geht.

Aber das ist unerträglich. Alles kann man akzeptieren, aber nicht den Mangel an Gerechtigkeit. Diese Art von Wunde heilt nicht. Gegen Gewaltätigkeit können wir uns wehren, indem wir sie ertragen. Aber gegenüber der freigesprochenen und sogar belohnten Bosheit seitens derer, die ihre Opfer sind, oder – noch ärger – angesichts der aberkannten, ja sogar belachten Schuldlosigkeit sträubt sich alles in uns.

Die Gerechtigkeit ist lebensnotwendig wie der Atem. Die Gerechtigkeit ist unsere wahre Heimat. Deshalb befinden sich die Menschen auf Erden immer ein wenig im Zustand der Verbannung.

Das heißt im Grunde genommen, daß wir, auch wenn wir manchmal unnatürlicherweise den Übermenschen herauskehren wollen, einen Urteilsspruch brauchen. Der Hunger und Durst nach Gerechtigkeit ist auch Hunger und Durst nach dem Urteilsspruch.

Nicht nach irgendeinem Richterspruch, sondern nach dem transzendenten, absoluten, unabänderlichen Richterspruch, der uns und alle anderen nach dem beurteilt, was wir sind.

Kein menschlicher Urteilsspruch kann dieses Bedürfnis stillen, nicht einmal der Richterspruch der Geschichte. Wer als ein Opfer der Gewalt der Zeitgenossen an den „Gerichtshof der Geschichte" appelliert, wendet sich an eine Schimäre. Die Geschichtsschreibung ist eine Aufgabe, die die Sieger mit niemandem teilen und keinem anderen überlassen.

Das soll nicht heißen, daß die Historiker immer Partei ergreifen, aber sie arbeiten unter dem Druck und Zwang einer Gesellschaft und einer Kultur, von denen sie beherrscht werden, so daß sie nur selten imstande sind, die Probleme der Vergangenheit in rechte Worte zu fassen. Es ist wahr, daß die Gegenwart eine Tochter der Vergangenheit ist, aber es ist leider auch wahr, daß auf der Ebene der Geschichtsdarstellung die Vergangenheit eine Tochter der Gegenwart ist und sich immer nach den Wünschen der derzeitig herrschenden Macht richtet.

Von der Geschichte werden vielleicht die kleinen Übeltaten angeprangert, die Betrügereien und Rücksichtslosigkeiten geringen Ausmaßes; aber wenn der Betrug nach allen Regeln der Kunst verübt wurde und wenn die Gewalt total war, besteht keine Hoffnung, Einspruch erheben zu können, es sei denn vor einem jenseitigen Gerichtshof.

Ohne einen absoluten Urteilsspruch, von dem wir hier unten nur schwache und falsche Vorstellungen antreffen, ist unser Leben verstümmelt. Und ohne den Ausblick auf diesen Richterspruch sind die Handlungen bedeutungslos und ohne Würze wie ein Glücksspiel, bei dem ohne Geldeinsatz gespielt wird.

„Dies illa". Wir fürchten diesen Tag. Aber wir fürchten noch mehr die Möglichkeit, daß es diesen Tag nicht geben und daß unser Dasein nebensächlich und vergeblich sein könnte. Ohne diesen Richterspruch gibt es auch hier keinen Maßstab. Was ist groß, was ist klein? Was ist wahr, was ist unwahr? Was ist recht, was ist unrecht? Es gibt nur eines, das mehr als ein Endgericht zu fürchten ist: die Abwesenheit eines Endgerichtes.

Pinocchio wird aus dem Gefängnis entlassen, sobald er die herrschenden kulturellen Maßstäbe akzeptiert und Selbstkritik übt: *Auch ich bin ein Verbrecher.* Von allen Mißgeschicken erniedrigt ihn dieses am tiefsten.

Zwischen Reue und Selbstkritik liegt ein Abgrund. In der Reue wird der Mensch von der Kraft der Wahrheit, der Gerechtigkeit, der Schönheit erobert, die sich in seinem Inneren offenbart und in ihm, dadurch daß sie ihn dem Ideal nachbildet, mühsam sein wahres Selbst und seine wahre Natur formt. In der Selbstkritik gleicht sich der Mensch den konventionellen Maßstäben an, und weil er sich seiner Umgebung anpassen will, verformt er sich.

In der Reue gesteht der Mensch Gott seine Niederlage und wird wieder Mensch. Durch die Selbstkritk ergibt sich der Mensch dem Menschen und entmenschlicht sich.

Zwanzigstes Kapitel

*Aus dem Gefängnis entlassen, will
Pinocchio wieder ins Haus der Fee zurück.
Aber unterwegs stößt er auf eine
abscheuliche Schlange und bleibt
zuletzt in einem Fangeisen hängen.*

Oder

Die geheimnisvolle Welt des Übersinnlichen

Als er aus dem Gefängnis entlassen wird, will Pinocchio seinen langen und abenteuerlichen Heimweg zum Vater fortsetzen. *Angetrieben von dem Verlangen, seinen Vater wiederzusehen,* steuert er auf das Haus *seines Schwesterchens mit dem türkisblauen Haar* zu.

Nach seiner Rebellion und Flucht hat er scheinbar verstanden, daß der Vater nur bei der Fee anzutreffen ist.
Die Sehnsucht treibt ihn, so daß er auf der regennassen schlammigen Straße *Sätze wie ein Windhund* macht. Aber von der Ernsthaftigkeit seiner beabsichtigten Rückkehr zeugen nicht so sehr die Eile und die Sprünge, sondern sein inneres Selbstgespräch.
Darin sind alle Voraussetzungen für eine echte Reue gegeben: das Bedauern über den eigenen Zustand, das sowohl auf der Liebe zum Vater *(Ich möchte ihn tausendmal herzen und küssen)* als auch auf der nicht unbedingt von Kant vertretenen, aber vollkommen katholischen Überlegung gründet, daß die Sünde zu meiden ist, weil sie sich nicht lohnt *(Ungezogene Kinder haben immer den Schaden)*; die Erkenntnis, selbst die Ursache der eigenen Schwierigkeiten zu sein *(Ich bin ein dickköpfiger, aufbrausender Hampelmann)*; der Vorsatz, sein Leben zu ändern; das Bewußtsein der kirchlichen Dimension der Sünde und der Vergebung *(Ob mir die Fee verzeihen wird, was ich ihr angetan habe?)*. Dazu kommt – und das ist eine tiefenpsychologische Bemerkung – die Unsicherheit über die Absichten des Vaters und die Sorge um die erneute Zusicherung seiner Ver-

gebung: *Und ob mein Vater auf mich gewartet hat? Ob ich ihn im Haus der Fee treffe?*

Gewiß hat er auf dich gewartet, armer Pinocchio! Seit du wegge-laufen bist, suchen seine Augen den leeren Horizont ab in der Hoff-nung, deine Gestalt in der Ferne zu erspähen: „Der Vater sah ihn schon von weitem kommen, und er hatte Mitleid mit ihm" (Lk 15,20).

Gewiß wirst du ihn im Haus der Fee finden. Wenn auch viele sa-gen, das Haus sei nun leer und ohne Leben, ist gerade dort jene Gegenwart, nach der dein unverbesserliches Vagabundenherz nie aufgehört hat sich zu sehnen.

Auf dem Heimweg, wo unvorhergesehene Hindernisse auftauchen, begegnet Pinocchio der *Frau Schlange,* wie er sie mit *zarter, ein-schmeichelnder, feiner Stimme* und mit ungewohnter Freundlichkeit nennt.

Sie ist so riesengroß, daß sie den ganzen Weg versperrt. Sie hat feu-erspeiende Augen und einen rauchenden Schwanz. Auch aus ei-ner Entfernung von *über einen halben Kilometer* ist sie noch zu se-hen und jagt Schrecken ein. Sie ist also kein Tier, das in den gewohnten zoologischen Rahmen paßt.

Ebensowenig wird auf den ersten Blick die „theologische Natur" dieses Tieres verständlich. Es scheint nicht nur den Weg des Ham-pelmanns, sondern auch den Fluß dieses bemühten Kommentars zu versperren. Wir sind leicht versucht, *über sie hinwegzuklettern, um auf der anderen Seite wieder auf die Straße zu kommen,* wie Pi-nocchio es mit geringem Erfolg versucht hat. Aber wir möchten nicht, daß uns dasselbe Schicksal ereilt.

Um sie zu überspringen, genügte schon die Feststellung, daß es sich um ein Fabeltier, um ein reines Phantasieprodukt handelt, das kei-ner weiteren Erklärung bedarf. Aber wir können der Versuchung nicht widerstehen, auch diesem Ungetüm eine allegorische Be-deutung und einen plausiblen tieferen Sinn zu verleihen.

Man denkt unwillkürlich an „die alte Schlange, die Teufel oder Sa-tan heißt und die ganze Welt verführt", wie man in der *Offenbarung* (12,9) liest. Aber bei näherem Hinsehen scheint der Vergleich zu

hinken. Als Personifzierung des Teufels ist diese Schlange zu harm-
los. Eigentlich will sie Pinocchio nur ein wenig erschrecken und
ihn im Graben landen lassen. Ja, der Anblick des strampelnden
Hampelmanns erweckt ihre Heiterkeit. Und für jemanden, der
lacht, besteht immer noch Hoffnung.

Man könnte vielmehr in ihr unter Bewahrung der übersinnlichen
Dimension die Darstellung solcher „Gewalten" sehen, die weder
als Engel des Lichts noch als endgültig sich auflehnende Geschöpfe
vielleicht das Universum durchstreifen in der Erwartung, sich auch
der Allherrschaft des Sohnes Gottes zu unterwerfen, wenn „sie öf-
fentlich zur Schau gestellt werden und Christus über sie trium-
phieren wird" (vgl. Kol 2,15). Inzwischen offenbaren sie ihr schrul-
liges, spöttisches Wesen, indem sie ganz unvorhergesehen in die
Geschichte eingreifen und unsere Pläne durchkreuzen.

Wenn sie wirklich existieren, lehren uns diese Wesen, daß die Welt
viel bunter und größer ist, als wir uns vorstellen können, und daß
es nichts Unwahrscheinlicheres gibt als die geistige Enge, die uns
vom Rationalismus und vom Positivismus auferlegt wird.

Und wenn sie sich auch noch vergnügen können, gibt es vor ihren Augen nichts Komischeres als den Menschen und seine Be-
triebsamkeit. Sie lachen über uns mit einem mitleidlosen, aber keineswegs böswilligen Lachen. Wenn sich zur Fröhlichkeit auch noch
das Mitleid gesellt, wird ihre Erlösung beginnen, weil sie sich dem
mitleidvollen Humor des Vaters angleichen.

*Ihm blieb der Kopf im Straßenschlamm stecken, und die Beine standen
kerzengerade in die Luft.*
Es ist unserer Meinung nach ein treffendes Bild des heutigen Menschen. Manch einem mag die mythische Gestalt des Prometheus
in den Sinn kommen, des Entdeckers der Geheimnisse der Natur,
des Propheten der technischen Zivilisation und der Verherrlichung
des Menschen, des Giganten, der Jupiter Widerstand leistete und,
an den Felsen seiner Endlichkeit gefesselt, in seinem Willen zur
Auflehnung unbezähmbar blieb. Aber unserer Meinung nach
bringt Pinocchio, den Kopf nach unten gekehrt und mit den Füßen zum Himmel hin strampelnd, unsere Lage noch deutlicher zum
Ausdruck.

Der Schwund Gottes im menschlichen Bewußtsein entledigt uns auch der furchtbaren Würde des Gotteslästerers. Die Welt, der wir uns verschrieben haben, zerfällt in Staub unter unseren Händen, die in ihrer frenetischen Zerstörungslust keine Schranke des göttlichen Gesetzes anerkennen. Unser umgestürztes Dasein scheint einen grotesken, unfreiwilligen Hilferuf an den beiseitegestellten Gott zu richten, damit er es wieder aufrichte. Das sind Erklärungen des Bildes, das wirklich nichts Prometheisches mehr an sich hat.

Von der Schlange befreit, *rannte Pinocchio wieder los, um das Haus der Fee zu erreichen*, aber weil er in einen Weinberg hineinsprang, um ein *paar Muskatellertrauben* zu pflücken, geriet er in ein Fangeisen, das die Bauern für die Steinmarder ausgelegt hatten.

Einundzwanzigstes Kapitel

Pinocchio wird von einem Bauern festgenommen,
der ihn zwingt, den Wachhund für seinen
Hühnerstall zu machen.

Oder

Ein neues Thema taucht auf:
Der Mensch wird zum Tier

Inzwischen wurde es Nacht. Eine weitere schreckliche Nacht ohne
den Vater.

Pinocchio bekommt Besuch, wenn nicht sogar Trost von einem
Glühwürmchen, das ganz den Anschein hat, eine Neuerscheinung
der Sprechenden Grille zu sein. Mit klugen Worten bewegt es den
Hampelmann zum soundsovielten Reueakt: *Ich werde es nicht wie-*
der tun!

Aber der Bauer, der herbeieilt, gibt sich nicht mit verbalen Versprechen zufrieden. Zur Strafe zwingt er Pinocchio, den Wachhund
zu machen. *Angekettet mit einem dicken Halsband voller Messing-*
dornen und mehr tot als lebendig vor Kälte, Hunger und Angst, liegt
Pinocchio auf der Tenne. Und nachdem er unter Tränen wiederum
sein Unrecht eingestanden hatte, legt er sich in der Hütte schlafen, um gleichsam das Hundeleben bis zum letzten auszukosten.

Dieses Kapitel ist deshalb wichtig, weil hier erstmals das Thema
der Verrohung auftaucht, ein Thema, das in diesem Buch und damit für das Verständnis des menschlichen Rätsels grundlegend ist.
Der Mensch hat nicht die Sicherheit, er selbst zu bleiben. Im
Gegenteil, er hat die Sicherheit, daß er sich unweigerlich wandelt.
In gewisser Hinsicht ist die anfangs geschenkte menschliche Natur nur ein Sprungbrett, eine Mitgift von wertvollen Gaben, damit das Spiel beginnen kann; eine erste Hand voll Karten, die die
Partie möglich machen.
Das Leben ist nicht nur ein Weg auf verschiedenen wählbaren Stra-
ßen, die zu entgegesetzten Zielen führen. Auf diesem Pilgerweg än-

dert sich ständig nicht nur die Landschaft, sondern auch der Pilger.

Der Mensch ist berufen, Subjekt und Baumeister einer Bestimmung zu sein, die nicht äußerlich bleibt, sondern in seinem Inneren aufkeimt und wächst und in der einen oder andern Richtung den Verstand, den Willen, die Sensiblität, das Fleisch, die Knochen und das Blut verändert. Diese Bestimmung kann Erniedrigung oder Erhöhung bedeuten: Der Mensch kann zum Tier oder zum Gott werden, aber eines, und zwar das, was ihm gewöhnlich am liebsten wäre, ist ihm nicht gegeben: das zu bleiben, was er am Anfang seines Lebens ist. Wenn er es könnte, würde er seine Natur verleugnen, die ihn ja gerade dazu zwingt, sein eigenes endgültiges Wesen durch die Aufeinanderfolge der freien Entscheidungen aufzubauen. Der Mensch ist ein frei-sein-müssendes Geschöpf.

Wir wollen damit – das ist klarzustellen! – keineswegs die Existenz oder Unveränderlichkeit einer „metaphysischen Natur" des Menschen leugnen, sondern sie voraussetzen, auch wenn wir hier nicht näher auf sie eingehen.

Wir sprechen vom Menschen in seiner konkreten Situation und von seiner Natur, wie er sich verwirklicht in den verschiedenen „Phasen" und im unterschiedlichen Lebensschicksal, das nach und nach aufgebaut werden kann. Es ist eine Rede, die dem Großteil der modernen Denker völlig unsinnig erscheinen mag. In unseren Tagen gibt es wenige, die Pinocchios Abenteuer lesen und verstehen.

Es gibt aber nicht nur die besagte Verrohung, sondern auch die Vergöttlichung. Wir könnten zum besseren Verständnis von „Verwandlung" sprechen und darin das Grundgesetz sehen, das unserere Persönlichkeitsformung bestimmt.

Im folgenden werden wir das vom Pinocchio-Text her näher erläutern. Jetzt genügt es, daran zu erinnern, daß jeder Mensch, der auf die Welt kommt, die Ansätze für die eine und die andere Entwicklung in sich birgt. Das bewußte Leben besteht ja gerade darin, dem einen oder dem anderen dieser gegensätzlichen Angebote zuzustimmen und sie zu entfalten. Hier ist auch der einzige plausible

Grund für ein vergängliches und deshalb bedeutungsloses Dasein, das aber sinnvoll und interessant wird, weil die Wandlung in ihm über eine ewige Bestimmung entscheidet.

In diesem Kapitel wird Pinocchio noch nicht zum Tier. Er wird nur angeleitet, als Tier zu handeln. Die Verrohung – und die Vergött-lichung – beginnt mit dem Tun. Durch die Taten dringt sie in das Wesen ein und verändert die Natur. Zunächst handelt es sich nur um einen vorübergehenden Einzelfall, gleichsam um eine leise An-deutung dessen, was unvermeidlich geschehen wird, wenn sich das Handeln in dieser Richtung fortsetzt.

So werden wir daran erinnert, daß – um mit den Scholastikern zu sprechen – „operatio sequitur esse", auch wahrhaftig „esse sequitur operationem". Das heißt: Wer ein Tier ist, handelt wie ein Tier; aber auch: Wer wie ein Tier handelt, der wird nach und nach un-weigerlich zum Tier.

Unser Buch wird uns zwingen, mehrmals auf dieses Thema zurück-zukommen. Es ist aber gut, schon jetzt klarzustellen, daß sich die Ver-wandlung in verschiedenen Stadien vollzieht. In ihrer Vollendung ist sie das Geheimnis des eschatologischen Zustandes: Dort wird der Mensch entweder Gott ähnlich, das heißt, er hat an der Erkenntnis und der Liebe, am Leben und der Freude Gottes Anteil; oder er wird in der Verdammnis zur Materie, so daß der Geist einem materiellen Element wie dem Höllenfeuer ausgesetzt werden kann. Anfangshaft vollzieht sich die Verwandlung schon im Gnadenleben, das wirk-liche Teilhabe im Glauben an der Herrlichkeit ist, oder im Sünden-leben, das die Vorwegnahme des Zustandes der Verdammnis ist, was jedoch zum Glück noch zurückgenommen werden kann. Er-fahrungsgemäß zeigt sich die Verwandlung in unterschiedlichen Hal-tungen. Manchmal ist sie äußerlich wahrnehmbar an demjenigen, der sein ganzes Dasein an der Liebe ausrichtet, und demjenigen, der im Egoismus verfettet und undurchlässig wird, bis er schlimmsten-falls das Bild seines eigenen Menschseins verdunkelt. Unsere Ge-schichte zeigt manchmal beispielhafte Menschen, die wie durch ein Wunder mehr als Menschen zu sein scheinen, und wiederum Men-schen, die beinahe wie Raubtiere sind, unempfänglich für jedes Licht der Wahrheit und jede Anziehungskraft des Guten.

In dem Mißgeschick, von dem dieses Kapitel handelt, gibt es auch eine gewisse Proportion und ein bestimmtes Gegengewicht. Pinocchios Vergehen war nicht so schwerwiegend. Er wollte nur zwei Muskatellertrauben stehlen. Die Verrohung bestand also nur im Tun und war von kurzer Dauer. Es war sündhafter Diebstahl. Er muß dafür büßen, indem er den Wachhund mit Halsband, Leine und Hundehütte macht.

Zweiundzwanzigstes Kapitel

Pinocchio entdeckt die Diebe und wird als Beloh-
nung für seine Treue in Freiheit gesetzt.
Oder

Das Thema der Verwandlung
wird fortgesetzt

Pinocchio, zeitweilig in einen Hund verwandelt, verhindert den
Diebstahl, den vier Steinmarder verüben wollten: *kleine fleisch-*
fressende Tiere, die es besonders auf Eier und junge Hühnchen abge-
sehen haben. Ja, der Hampelmann widersteht sogar der Versuchung,
als die vier Tiere ihn damit bestechen, ihn am Unternehmen zu
beteiligen, und *bellt genauso wie ein Wachhund,* so daß er den Haus-
herrn weckt und die Festnahme der Diebe veranlaßt.
Der Bauer lobt ihn und schenkt ihm die ursprüngliche Freiheit wieder.

In dem Klagelied unseres Helden, der zum Wachhund erniedrigt
und der Verzweiflung nahe ist, in der Klage, mit dem das vorher-
gehende Kapitel abschließt, findet sich ein Wort, das ausreicht, um
uns die Größe seines hölzernen Herzens zu offenbaren, und das uns
die theologische Tiefe des ganzen Märchens vor Augen führt: *Ach,*
könnte ich doch noch einmal auf die Welt kommen! Pinocchio weiß
nicht, daß das auch ein Wort aus dem Evangelium ist.
Angesichts seines gescheiterten Lebens und des schmerzlichen Be-
kenntnisses, alle seine Entscheidungen verfehlt zu haben, sehnt
sich der Hampelmann nach dem Wunder einer Wiedergeburt, die
einzige Möglichkeit, die ein schuldbeladenes Leben vor dem Ruin
retten kann.
Im Grunde seines Herzens, auch wenn es ein niedergedrücktes Herz
ohne Hoffnung ist, aber vielleicht gerade deshalb fühlt Pinocchio:
„Wenn jemand nicht von neuem geboren wird, kann er das Reich
Gottes nicht sehen" (Joh 3,3). Es nützt kein moralisches Bemühen
um Besserung, keine nüchterne Erkenntnis der Dinge, keine Um-

erziehung der veränderten Psyche, kein Umsturz der äußeren Strukturen. Notwendig ist der Einbruch einer anderen Wirklichkeit, die unser Dasein von Grund auf verwandelt, uns neu erschafft und uns erlaubt, wieder von vorne anzufangen.

Das ist natürlich ein brennender, aber unwirksamer Wunsch. Es ist der einzige Weg, der uns Hoffnung auf eine Rettung bieten kann, aber er ist ungangbar. Es ist die einzige untrügliche Lösung, aber sie ist nicht möglich. Es ist eine so unmögliche Lösung, daß sie von jedem Menschen mit gesundem Menschenverstand für absurd gehalten wird. Pinocchio und Nikodemus wissen es: Wie ist es möglich, daß ein Mensch wiedergeboren wird? „Er kann doch nicht in den Schoß seiner Mutter zurückkehren" (Joh 3,4). *Jetzt ist es zu spät dazu, und ich muß mich damit abfinden.*

Aber was für irdische Augen eine faszinierende Unwirklichkeit ist, der Traum dessen, der nicht mehr weiß, wohin er sich wenden soll und von welcher Seite er Hilfe erwarten kann, ist der konkrete Heilsplan, der für Pinocchio und für uns erdacht worden ist. Was für die Menschen unmöglich ist, ist bei Gott möglich. Das bekräftigt Jesus seinem erstaunten nächtlichen Besucher gegenüber: „Wenn jemand nicht aus Wasser und Geist geboren wird, kann er nicht in das Reich Gottes kommen" (Joh 3,5).

In seiner Erniedrigung wird unser Held weiter vom Bösen verfolgt. Nach dem versuchten Diebstahl von zwei Weintrauben läuft er Gefahr, Komplize beim Raub von acht Hühnern zu werden. Als Wachhund – ein Tier, das aber der Welt des Menschen am nächsten steht – verlangt man von ihm, sich der wilden räuberischen Natur der Steinmarder anzupassen. Die Verrohung ist weniger ein Ziel als eine Marschrichtung. Im Bösen steckt eine eiserne Logik, die, wenn man ihr nicht widersteht, viel weiter und tiefer zieht, als man am Anfang hätte vorhersehen können.

Pinocchio hat die Kraft, diese Logik zu durchbrechen, und ist für den Augenblick gerettet. Sein ehrbares Verhalten und die Reuetränen mit dem Schuldbekenntnis und die Sehnsucht nach einem neuen, besseren Leben hindern ihn daran, auf der Leiter der Erniedrigung eine Stufe tiefer zu fallen. Und weil man auf dieser Leiter nie auf derselben Ebene bleibt – wer nicht aufsteigt, steigt ab, und wer nicht absteigt, steigt auf –, rettet ihn dieser Erfolg vor dem beginnenden Abstieg.

Es ist einer seiner seltenen Siege, und wenn er sich vor dem Bauern damit brüstet, können wir ihm mit Nachsicht zuhören. Ja, wir möchten ihm sogar wie der Bauer liebevoll auf die Schulter klopfen und sagen: *Solche Ansichten machen dir Ehre.* Und wir sind froh darüber, daß er wieder in Freiheit ist und auch das verhaßte Hundehalsband los ist.

Dreiundzwanzigstes Kapitel

Pinocchio beweint den Tod des schönen
Mädchens mit dem türkisblauen Haar.
Eine Taube bringt ihn dann ans Meer, und er
stürzt sich kopfüber hinein, um seinem Vater
Geppetto zu Hilfe zu eilen. Oder

Die Verfinsterung der Kirche und die Verzweiflung des Menschen

Pinocchio kehrt zum Haus der Fee zurück, aber das Haus ist verschwunden. Auf einem Grabstein ist zu lesen, daß das Mädchen mit dem türkisblauen Haar unter Schmerzen *gestorben ist, weil es von seinem kleinen Bruder Pinocchio verlassen worden war.*
Der Hampelmann *weinte die ganze Nacht hindurch,* und am Morgen weinte er immer noch, wenn auch seine Augen keine Tränen mehr hatten, und er stieß seine bittere Klage ins Universum hinaus, daß sie *von allen Hügeln im Umkreis als Echo wiederholt wurde.*
Ein großer Täuberich flog vorbei und bot sich an, nachdem er Pinocchios Namen erfahren hatte, ihn an den *über tausend Kilometer weit* entfernten Meeresstrand zu bringen. Dort entdeckte er seinen Vater in einem Boot, das *von den stürmischen Wellen hin und her geschleudert wurde.* Als der Hampelmann sah, wie das Boot kenterte, stürzte er sich in die Wogen, um Geppetto zu helfen, aber er konnte nicht zu ihm gelangen. Und so fand er sich in dieser Nacht mutterseelenallein in der Unendlichkeit des Meeres.

Das ganze Kapitel wird von einer Todesnachricht belastet, einer Nachricht, die Pinocchio – das heißt uns – wie ein Keulenschlag trifft.
Auf den ersten Blick scheint sie eine Befreiung. Die Fee, die uns durch ihr merkwürdiges Verhalten so oft hat leiden lassen, ist endlich beerdigt. Sie hielt die Tür verschlossen, als wir voll Angst um Hilfe riefen. Sie kam in all unseren Schwierigkeiten immer zu spät,

ja sie ließ sogar zu, daß wir an der großen Eiche aufgehängt wurden und starben. Sie hat diese verhaßte Sprechende Grille wieder ins Leben gerufen und an unser Krankenlager geführt. Sie hat uns durch die makabre Farce der schwarzen Kaninchen mit der Bahre erschreckt. Sie hat unsere Lügen nie wirklich geglaubt. Sie hat uns nicht daran gehindert, in den Wald zu gehen, und so sind wir in eine Menge von Schwierigkeiten geraten. Im Grunde war alles ihre Schuld, das, was sie getan hat, und das, was sie nicht getan hat. Deshalb bedeutet ihr Tod in mancher Hinsicht auch das Ende einer Unterdrückung. Jetzt ist sie beerdigt. Wir haben uns vom Druck der Kirche befreit und emanzipiert. Nun können keine Predigten, Ermahnungen, Stellungnahmen und Verurteilungen mehr uns etwas anhaben.

Aber ist sie wirklich tot? Oder ist es womöglich wieder einer ihrer böswilligen Scherze?

Die Grabinschrift klingt beruhigend: *Hier ruht das Mädchen mit dem türkisblauen Haar* ... Gottes Zuwendung zum Menschen, die nach dem geheimnisvollen ewigen Plan die Form und Natur der Kirche angenommen hat, ist also endlich aus unserem Blickfeld verschwunden.

Selbstverständlich ist die Fee selbst unsterblich, und wir werden ihr im weiteren Verlauf der Geschichte wieder begegnen. Trotzdem ist auch diese Grabinschrift wahr: Die Kirche kann unter einem Volk oder in einem Land wirklich sterben, und die einzige Krankheit, die zu ihrem Tod führt, ist der Mangel an Liebe und der Auszug aus ihr. *Unter Schmerzen gestorben — weil sie verlassen wurde* ...

Eine Welt ohne Kirche ist aber nicht so schön, wie man meinen möchte. Das Leben wird nicht einfacher, der Mensch nicht glücklicher.

Vor diesem Grab kann es geschehen, daß der „homo anticlericalis" wie der „homo clericalis", ein Ableger des „homo insipiens", enttäuscht ist und sich betrogen fühlt. Er hat die Kirche bekämpft, aber nie geglaubt, daß sie im Ernst untergehen könnte. Der Tod dieser schwierigen Gesprächspartnerin scheint ihm das letzte, schwerste kirchliche Unrecht zu sein.

Obwohl sie von der Gesellschaft der christlichen Völker nach und nach ausgeschlossen wurde – wie Gott, von dem man sie vergeblich trennen wollte –, obwohl sie vernachlässigt und bekämpft wurde, hat die Kirche Jahrhunderte hindurch in gewissem Maße die existentielle Leere der wissenschaftlichen und technischen Gesellschaft ausgefüllt, indem sie unnatürlicherweise, aber wahrhaftig die Rolle der Seele übernahm

Wie wird es jetzt weitergehen ohne sie?

Wir sind aus freiem Willen aus ihrem weißen Haus ausgezogen, aber zu wissen, daß sie nicht mehr da ist, stört und beleidigt uns sogar. Es war unser Recht, der Kirche fern zu bleiben, aber die Kirche hatte die Pflicht, da zu sein.

Und ist es wirklich wahr, daß wir sie nicht geliebt haben?

Der Mensch wechselt von einer Epoche zur andern und sehnt sich im Grunde seines Herzens nach einer Frau, die „anders" ist. Einer so unwahrscheinlichen Frau, daß sie von Natur aus türkisblaues Haar hat und so nah und so notwendig ist, daß das Leben ohne sie trübe und schal wird. Für uns ist sie der Herkunft, dem Geschmack, der Denkweise nach überholt, und doch weiß sie, was wir wirklich sind, sagt sie uns das, was wir unbewußt begierig erwarten, und gibt sie uns das Gute, das wir wahrhaft suchen.

Jetzt, wo sie unter Schmerzen gestorben ist, weil sie von ihm verlassen wurde, ist der Mensch überrrascht und ermißt erstmals, wie groß sein Elend ist. Er hat mit einem Schlag die Möglichkeit verloren, einen Vater, eine Bestimmung, eine Heimat zu haben.

In der Einsamkeit des leeren Weltraums kann er nur noch diesen Klageruf erheben:

Oh meine liebe kleine Fee, warum bist du gestorben? Ich habe alles getan, um dir das Leben zu erschweren, aber ich wollte dich nicht zu Tode bringen. Alles habe ich von dir gelernt: die Kunst des vernünftigen Denkens, den Sinn der Solidarität und Brüderlichkeit, die Würde der Freiheit gegenüber jedem Tyrannen, und alles habe ich zum Widerstand gegen dich aufgeboten.

Ich trachtete dir eigentlich nur deshalb nach dem Leben, weil ich wußte, daß du unsterblich bist. Deshalb fühle ich mich betrogen durch deinen Tod. Gewiß duldete und dulde ich dein

Einmischen nicht, weil ich stolz darauf bin „säkularisiert" zu sein. Aber siehst du, sogar dieses Wort habe ich von dir entliehen. Ich bin mit dir so eng verbunden und von deinen Lehren und Weisungen so durchtränkt, daß es mir nicht einmal gelingt, meine Unabhängigkeit von der Kirche und meine Absicht ihr fern zu bleiben, zu definieren, ohne ein in der Kirche oft verwandtes Wort zu mißbrauchen. Jetzt verstehe ich, warum die Schlange bei meinem Anblick vor Lachen beinahe platzte.
Und wo wird mein Vater sein? O, meine liebe kleine Fee, sag mir doch, wo ich ihn finden kann! Ich hatte eine Zeitlang geglaubt, ihn rascher erreichen zu können, wenn ich mich von dir entfernte. Aber in Wirklichkeit wollte ich auch dem Vater entfliehen.
Auf meine Kosten habe ich erfahren, daß ich, wenn ich dich verliere, auch den Vater verliere, und keinen Vater haben bedeutet, ein Holzkopf zu bleiben, der jeder weltlichen Macht ausgeliefert ist. *Was soll ich auch so allein auf der Welt?*
Fern vom Vater und von dir verlieren auch die „bunten Kleiderfähnchen" – die Denkfähigkeit, die Liebe, die Freundschaft, das Vergnügen, der Sinn für Schönheit, das Gesetz, die Autorität – ihren Gehalt und zerfallen. *Wer wird mir etwas zu essen geben, jetzt, wo ich dich und meinen Vater verloren habe? Wo soll ich nachts schlafen? Wer wird mir ein neues Jäckchen anfertigen? Kann man ein so schmerzliches und verzweifeltes Dasein ertragen? Es wäre besser, es wäre hundertmal besser, ich würde auch sterben!*

So beweinte und würdigte Pinocchio das schöne Mädchen mit dem türkisblauen Haar.

Aber die Abenteuer des Hampelmanns enden nicht an diesem Grab. Ein Täuberich *so groß* wie ein *Truthahn* steigt vom Himmel herab und bringt unsern Helden wieder auf den weiten Weg der Suche nach Geppetto und nach seiner wahren Natur.

Vierundzwanzigstes Kapitel

Pinocchio landet auf der „Insel der emsigen
Bienen" und findet dort die Fee wieder.

Oder

Das Geheimnis der Mitarbeit
und des Verdienstes

In der Absicht Geppetto zu erreichen, den er in der Ferne im
brüchigen, schwankenden Boot auf sturmbewegter See erblickt
hatte, *schwamm Pinocchio die ganze Nacht hindurch. Und welch fürch-*
terliche Nacht war das!
Die „Nächte" spielen in dieser Geschichte eine bedeutsame Rolle,
vor allem im Bezug auf die volle Entwicklung des Hampelmanns
zum Sohn. Und das zu Recht. Die entscheidenden Wendepunkte
im Leben des Geistes wollen den Augen der anderen verborgen
bleiben.
Es ist die vierte leidvolle Nacht, die in diesem Buch beschrieben
wird. Sie ähnelt aber weder jener fürchterlichen Nacht, die über
Pinocchio nach dem Weggang vom Vater und der Tötung der Grille hereinbrach, noch jener bedrückenden Nacht, die auf der un-
vernünftigen Absicht lastete, dem Rat von Fuchs und Kater zu folgen, noch der Nacht der Strafe und der beginnenden Verrohung,
die er als Wachhund des Hühnerstalls erlebt hatte.
Jetzt ist es die „dunkle Nacht der Sinne", die Wildnis der inneren
Schwierigkeiten, die der Mensch durchmachen muß, wenn er sich
ernsthaft bemüht, zum Vater heimzukehren. Es ist eine überaus harte Prüfung. Alles scheint dagegen zu sein, das Universum scheint
sich aufzulehnen gegen den, der in seine ursprüngliche Heimat zurückkehren will. Aber es ist eine Finsternis, in der die Hoffnung
nicht erlischt, und die, wenn man den Mut nicht verliert, in einen
hellen Morgen unter heiterem Himmel und strahlender Sonne
mündet. Nach langer, vergeblicher Mühe wird unser Held *mit*
aller Kraft an die Küste einer unbekannten Insel geworfen, die ihm
Licht und Hoffnung auszustrahlen scheint.

Die gefährliche Überquerung war die erste Begegnung mit dem Meer. In Pinocchios Geschichte und in der Heilsgeschichte spielt das Wasser – wie wir sehen werden – eine bedeutsame Rolle. Hier ist das Meer vor allem ein Mittel der Loslösung und trennt den ersten Teil der nächtlichen Suche nach dem Vater vom zweiten Teil. Von jetzt an zeigt der Hampelmann eine andere Gesinnung. Er wird sich immer noch verirren, er wird schwere Fehler begehen, aber nun tritt in ihm immer deutlicher der Wille zutage, sich mit seinem Schöpfer wiederzuvereinen und, nach der Begegnung mit der wieder zum Leben erwachten Fee, sich über seine hölzerne Natur hinaus zu verwandeln.

Auch die inselhafte Natur der Erde, auf der er landet – was in der weiteren Erzählung völlig außer Acht gelassen wird –, dient nur dem Zweck, die verschiedenen Lebenszeiten des Helden herauszustellen.

Das *Dorf der emsigen Bienen*, wo der Hampelmann auf Weisung eines freundlichen Delphins, *der so zuvorkommend war, wie man sie in sämtlichen Meeren der Welt nur ganz selten findet*, ist der Ort derer, die die Notwendigkeit der Arbeit kennen: *Die Straßen wimmelten nur so von Leuten, die geschäftig hierhin und dorthin eilten, alle arbeiteten, alle hatten etwas zu tun.* Eben wie in einer Republik, die auf der Arbeit gegründet ist.

Theologisch betrachtet, ist es nicht schwierig, den Hinweis auf die Glaubenswahrheit zu lesen, die uns lehrt, daß – um gerettet zu werden – es unerläßlich ist, bei der göttlichen Initiative mitzuwirken. Gott ruft und erwählt. Aber der Mensch muß sich bemühen, seine Berufung und Erwählung immer mehr zu festigen (vgl. 2 Petr 1,10). Sich der Liebe des Vaters vertrauensvoll zu übergeben, ist ein gutes, angemessenes Gefühl, aber es versetzt uns nicht in eine rein passive Geisteshaltung. Nach dem katholischen Glauben gelangt man zu Gott nur auf dem mühevollen Weg, indem man der Gnade entspricht, sich um Aszese bemüht und verdienstvolle Werke tut.

Der Mensch arbeitet auch im Bereich des Geistes immer für einen Lohn. Diese im ganzen Alten und Neuen Testament offensichtliche und unbestrittene Lehre ist dem modernen Menschen ziemlich unangenehm. Denn er hat zwar die heutige Gesellschaft im Zeichen des Profits gegründet und bleibt in der Praxis vollkommen egoistisch, aber wenn er zu philosophieren meint, gefällt es ihm, den Uneigennutz zum absoluten Wert zu erheben und die Moral des Handelns nach dessen totaler Unentgeltlichkeit zu bemessen. Er neigt also dazu, alles, was irgendwie – auch in religiöser Beziehung – im Hinblick auf Entlohnung geleistet wird, notwendigerweise für unmoralisch zu halten.

Aber so verkennt man, um ehrlich zu sein, die wirkliche Natur der menschlichen Handlungen, die, ob gut oder böse, die unauslöschliche Voraussetzung in sich bergen, den Handelnden geistig zu bereichern oder zu verarmen. Jede Handlung eines bewußten Subjektes zielt nicht nur auf das Objekt, sondern wirkt sich auch auf das Subjekt selbst aus, das durch sein Handeln sich selbst bestimmt und nach und nach aufbaut. Wer also Gutes tut und neben dem Guten an sich auch den eigenen inneren Vorteil zum Ziel hat, paßt sich im subjektiven Bewußtsein und in der Absicht nur der objektiven Ordnung und der wirklichen Natur seines Handelns an. Sein Verhalten ist deshalb ganz korrekt, ja durchaus lobenswert, wie alles, was den inneren Gesetzen des Daseins entspricht.

Das sei gesagt, ohne die höchste Würde und den höheren Wert der „reinen Liebe" zu leugnen und ohne die Möglichkeit auszuschließen, daß sie „im reinen Zustand" in einem Menschen vorhanden sein kann.

Wie die fleißigen Arbeiter, die im Land der emsigen Bienen anzutreffen sind, bietet Jesus immer einen „Lohn" an: „Euer Lohn im Himmel wird groß sein" (Mt 5,12). Der hochmütige Mensch verachtet manchmal die Aussicht auf Lohn für seine geistige Arbeit. Aber so endet er oft genug damit, daß er es verabscheut zu arbeiten, genau so wie unser Hampelmann, der angesichts des beständigen Refrains, daß man das Geld durch Arbeit verdienen muß, feststellt: *Das ist kein Dorf für mich.*

Auch die ins Leben zurückgekehrte Fee, die wir jetzt als mütterliche Frau mit weichen, vertrauenserweckenden Zügen wiederfinden, läßt eher durchblicken, daß sie Pinocchios Wesen gut kennt, aber die Kantsche Moral nicht unbedingt teilt. Und sie zögert nicht, seiner angeborenen Schwäche mit dem Ausblick auf eine noch reizvollere Belohnung abzuhelfen: *Ein Stück Brot ... einen großen Teller Blumenkohl, angerichtet mit Essig und Öl ... eine schöne Likörpraline.*

Viel Geduld hat diese Mutter, und doch fordert sie unnachgiebig und kompromißlos, daß Pinocchio ihr bei der Arbeit hilft und das verdienstvolle Werk vollbringt, das ihm am Anfang angeboten worden war. Sie verlangt nicht, daß die Arbeit gern geleistet wird. Es genügt ihr, daß sie freiwillig getan wird.

Von der Naschsucht überwältigt (denn unsere Tugenden werden gewöhnlich von unseren Lastern gestützt), gibt Pinocchio endlich nach: *Na schön! Ich bring Euch den Krug nach Hause.*

Das Auftreten der Fee unter verschiedenen Gestalten erfordert eine nähere Analyse. Zu Beginn erschien sie uns als jungfräuliches Mädchen, fast als ein halbwüchsiges Schwesterchen: *ein schönes Mädchen.* Dann finden wir sie in Gestalt einer jungen, fleißigen Frau des Volkes wieder, einer Hausfrau, die es versteht, durch ihre Kochkunst die streitenden Kinder zu Vernunft zu bringen. Am Ende begegnen wir ihr in Gestalt einer wunderschönen Dame mit einer Goldkette um den Hals. Alle Lebenszeiten und Lebensbedingungen sind in ihrem Geheimnis enthalten.

Pinocchio sieht sie im Verlauf der Erzählung, er spricht mit ihr, er geht mit ihr ein Stück des Weges, er ist bei ihr zu Gast, aber er erkennt sie nicht. Vielleicht hatte er sie im Prinzessinnenkleid erwartet und erkennt sie im Alltagsgewand unter der Menge nicht. Dieses Mißgeschick passiert uns mit der göttlichen Weisheit und mit der Kirche oft.

Er erkennt sie nur an ihrem türkisblauen Haar: *Ihr habt auch türkisblaues Haar ... wie sie!* Der Mensch vermag die Kirche nur dann zu sehen, wenn er ihre unvergleichliche Einzigkartigkeit wahrnehmen kann, die sie von der Welt abhebt und abrückt.

Die dringlichste kirchliche Aufgabe ist also nicht, sich anzupassen, indem man eine „Inkarnation" vorantreibt, die in der Zerstörung endet, sondern das zu bewahren und hervorzuheben, was die Gemeinschaft der Gläubigen und die einzelnen Christen zu einer unerhörten Wirklichkeit gegenüber den anderen macht.

Die größte Sorge der Kirche darf nicht darin bestehen, „glaubwürdiger" – das heißt der Mentalität und den Erwartungen der Menschen gleichförmiger zu werden –, sondern, im Gegenteil, „unglaubwürdiger" zu bleiben, weil sie paradoxerweise nur so als Kirche erkennbar sein und den Glauben wecken kann.

Zum Glück vermag niemand der Fee das türkisblaue Haar zu rauben. Sie kann alle möglichen Verkleidungen annehmen, sogar die einer kleinen Ziege (wie es im 34. Kapitel heißt). Doch wir erkennen sie immer wieder an der unvergleichlichen Farbe des tiefblauen Himmels.

Fünfundzwanzigstes Kapitel

Pinocchio gibt der Fee das Versprechen,
brav zu sein und zu lernen, denn er ist es leid,
ein Hampelmann zu sein. Nun will er
ein guter Junge werden.
Oder

Das Geheimnis der Mutterschaft
der Kirche

Nachdem Pinocchio seine gute Fee in der *geheimnisumwobenen Frau* erkannt hatte, ergießt er sich in einem angeregten, vertraulichen Gespräch mit ihr, die immer stärker ein mütterliches Verhalten an den Tag legt.

Der Hampelmann nimmt voll Begeisterung das behutsam und beinahe verschämt vorgebrachte Angebot einer Mutter-Sohn-Beziehung mit der Fee an *(Ich könnte fast deine Mutter sein)*. Weniger begeistert und nur zögernd verspricht er ihr, weil er ja ein Mensch werden will, zu lernen und zu arbeiten: *Ich will lernen, ich will arbeiten, ich will alles tun, was du mir sagst, denn nun habe ich dieses Hampelmannleben gründlich satt und möchte um jeden Preis ein richtiger Junge werden.*

Den Überdruß über seine Befindlichkeit und das Verlangen nach einer Wiedergeburt hat Pinocchio bereits zum Ausdruck gebracht. In diesem Kapitel äußert er erstmals, seit er sich gegen den Vater aufgelehnt hatte und in die Welt hinausgezogen war, ganz eindeutig den Wunsch, zu einer höheren Daseinsstufe aufzusteigen: *Ach, ich bin es leid, ein Hampelmann zu sein! ... Es ist höchste Zeit, daß ich auch ein Mensch werde!*

Dieses Bestreben, das eines der Grundthemen des ganzen Märchens ist, erwacht in ihm und setzt sich immer stärker durch, seit er die Mutterschaft der Fee ganz offen akzeptiert hat, die uns durch ihre Verwandlungen überrascht: Zuerst ist sie ein totes Mädchen, das spricht, dann ein lebendiges Mädchen, das heilt; dann sogar ein Mädchen, das unter *einem kleinen Marmorstein* begraben liegt und für immer von der Bildfläche verschwunden zu sein scheint, jetzt aber als Frau zurückkehrt, bereit, ihre mütterliche Liebe auszugießen. *Aber wie habt Ihr es nur fertiggebracht, so groß zu werden?* fragt Pinocchio erstaunt. „Die Kirche", sagt der hl. Ambrosius, „hat wie der Mond immer wieder ihre Verluste und ihre Wiedergeburten, aber gerade auf Grund ihrer Verluste konnte sie wachsen und sich ausweiten ..."

Jetzt kann ich immer „Mutter" zu Euch sagen, bekräftigt der Hampelmann, spürt sofort die Enge seiner hölzernen Wirklichkeit und wünscht sich eine Sohnesnatur.

Es wurde schon mehrmals gesagt, daß sich die Hampelmänner vor den Puppenspielern nur dann retten und und menschliche Wesenszüge annehmen, wenn sie erkennen, daß sie einen Vater haben und vor der Macht seiner Liebe kapitulieren. Aber wir sind nicht imstande, uns der Liebesinitiative des Vaters zu öffnen – und das will uns diese Seite lehren –, solange uns nicht eine mütterliche Liebe berührt und unsere Härte löst. Wie der hl. Cyprian sagt: „Gott kann der nicht zum Vater haben, der die Kirche nicht zur Mutter hat."

Die Mutterschaft der Kirche ist eine der anziehendsten Züge des katholischen Glaubens und darf in einer theologischen Synthese nicht fehlen.

Wenn man sagt, daß die Kirche Mutter ist, heißt das, daß die Menschen durch das empfangene „Wort" und das Taufsakrament Kinder Gottes geworden sind, jedoch nicht weil Glaube und Taufe abstrakte, nichtgreifbare Wirklichkeiten sind, sondern weil sie Güter sind, die in einer Gemeinschaft gehütet und genutzt werden, die schon zuvor existiert hat. Der Einzelne empfängt alles aus der langjährigen Treue des Volkes der Erlösten, das in der Geschichte immer präsent und lebendig ist.

Niemand kann also im Christentum Gründer und Vater sein, wenn er nicht zuvor und in grundlegender Weise Sohn und Erbe ist. Erbe eines Lebens, das Gott ihm schenkt, indem er ihn an dem Leben teilhaben läßt, das schon in der Gemeinschaft der Brüder und Schwestern Jesu, des Erstgeborenen der Auferstandenen, Besitztum geworden ist.

Aber durch die Mutterschaft der Kirche ist nicht nur jeder Gläubige ihr Kind; er ist auch berufen, Fruchtbarkeitsprinzip im göttlichen Plan zu sein. Wer von Christi Erlösung erfaßt wird, ist in so radikaler Weise erlöst, daß er in dem Maß, in dem er erlöst ist, Miterlöser wird. Kein „erneuerter" Mensch ist vom Werk der Erneuerung der Menschen und Dinge ausgeschlossen.

Die Kirche ist nur insofern Mitprinzip des Heils, als sie selbst erlöst ist. Sie ist Mutter der neuen Lebenden, nur weil sie die Braut ist, die der neue Adam in seinem Blut reingewaschen und zu einem Geschöpf gemacht hat, das in Reinheit erstrahlt.

Pinocchio gab den mütterlichen Schmeicheleien der Frau nach, trug die Last des Wasserkruges, besiegte seine angeborene Faulheit, und schon erwacht in ihm die Sehnsucht, Mensch zu werden. Ein Bestreben, das den Bereich seiner derzeitigen Natur schon übersteigt.

Es gibt also Handlungen, die noch die eines Hampelmanns sind, aber schon auf den Weg der Verwandlung führen. Wie die Verrohung, so fängt auch die Erhöhung mit dem Tun und Handeln an. Es ist die Lehre von der „Vorbereitung auf die Rechtfertigung". Unter dem Einfluß der Gnade (der „Fee") bereitet sich der Mensch – noch ehe er zur göttlichen Verwandlung, das heißt zur Rechtfertigung gelangt – in zunehmendem Maß durch sein Tun und Handeln vor, das an sich noch nicht rechtfertigend, aber schon übernatürlich ist. Der Prozeß der Vergöttlichung, der von der äußersten Sphäre des Tuns und Handelns ausgeht, dringt nach und nach in den Menschen ein, bis er den Wesenskern erreicht und diesen dadurch verwandelt, daß er ihm das göttliche Leben schenkt und das Dasein eines „neuen Menschen" einleitet.

Aber unser Märchen hat diesen Punkt noch nicht erreicht.

Ich werde deine Mutter sein ... Du wirst mir gehorchen und immer tun, was ich dir sagen werde.

Kaum wird sie als Mutter anerkannt, fordert die Fee Gehorsam. Pinocchio stimmt dem „Prinzip" des Gehorsams eifrig zu: *Gern, gern, gern!*, aber ihm gefällt keiner seiner Inhalte. Und so wird er der Anführer einer kirchlichen Verhaltensweise, der es nie an An-

hängern fehlen wird. Der Gehorsam ist in der Theorie ein Wert, den er verkündet und hochschätzt, aber daß man es wagt, ihm im Namen des Gehorsams Anweisungen zu geben und Richtlinien anzubieten, die er nicht teilt, das scheint ihm eine Unterdrückung.
Wie man sieht, ist die Beziehung zu der glücklich wiedergefundenen Fee nicht so ungetrübt, wie man zunächst meinen möchte.

Jeder Mensch, ob arm oder reich geboren, hat die Pflicht, auf dieser Welt etwas zu tun, sich zu beschäftigen, zu arbeiten. Wehe dem, der zum Müßiggänger wird! Der Müßiggang ist eine ganz üble Krankheit …
Das ganze Buch hindurch spricht die Fee in dieser irritierenden Weise. Sie verkündet allgemein gültige Regeln und immer feststehende Grundsätze nur zu dem Zweck, bei Pinocchio das zu erreichen, was sie sich vorgenommen hat, das heißt, daß er lernt und arbeitet.
Eine gewisse zeitgenössische Kulturrichtung würde diese Rede durchaus „ideologisch" nennen. Bevor wir diese Beurteilung akzeptieren, möchten wir etwas klarstellen.
Was ist „Ideologie"? In knappen Worten könnten wir „Ideologie" – im heute allgemein üblichen, abwertenden Sinn verstanden – als einen Universalbegriff bezeichnen, der zugunsten eines besonderen praktischen Interesses entwickelt wurde. Ideologisch ist also – so verstanden – jede Lehre, die als absolute Wahrheit in Bezug auf die Versklavung des Menschen und die Beibehaltung seiner rückständigen Lage verkündet wird.
Aber worin besteht die wahre Förderung des Menschen? Wann handelt es sich um Versklavung? Was macht wirklich frei? Diese Fragen erheischen pflichtgemäße Antworten, die nicht dem Rezeptbuch der Gemeinplätze entnommen, sondern vernünftig begründet sind. Andernfalls könnte es geschehen, daß man die anderen beschuldigt und unweigerlich „Ideologie" im negativen Sinn betreibt, wie wir gesehen haben.
Der Mensch wird also durch die Wahrheit und nur durch sie frei, so daß die einer Botschaft innewohnende Zielsetzung unerheblich ist, während es aber entscheidend ist, ob sie „wahr" ist oder nicht. Und wahr ist das, was dem ewigen Plan Gottes und deshalb der wirklichen Natur der Dinge entspricht.

So wird deutlich, was der Kern einer hochaktuellen Streitfrage ist: Soll man sagen, daß der Fortschritt und die Befreiung (Begriffe, die hier offensichtlich mit einem vorgefaßten Inhalt gefüllt und daher nicht den objektiven Untersuchungskriterien unterzogen sind) die einzige Wahrheit sind, oder ist vielmehr zu sagen, daß nur die Wahrheit die untrügliche Quelle der Freiheit und des Fortschritts ist? Ist das wahr, was revolutionär ist (so daß jede Lüge erlaubt ist, wenn sie nur der „Sache" dient), oder ist revolutionär nur das, was wahr ist (so daß die Botschaft der Wahrheit die einzige Weise ist, um Strukturen der Unterdrückung aus dem Sattel zu heben und die ungerecht bestehende Macht umzustürzen)?
Wer Christi Botschaft gehört und angenommen hat, zweifelt nicht an der richtigen Antwort: „Die Wahrheit macht euch frei", hat Jesus gesagt.

Wir verteidigen also die Fee. Sie mag langweilig und lästig sein, aber weil Pinocchios wahres Wohl im Gehorsam, in der Erkenntnis, in der Arbeitsamkeit besteht, in Grundsätzen, die sie unermüdlich verkündet und die gerade auf diese Zielsetzungen hinweisen, dürfen diese nicht als „ideologisch" verachtet, sondern müssen als „wahr" hochgehalten werden.

Sechsundzwanzigstes Kapitel

*Pinocchio geht mit seinen Schulkameraden
an den Meeresstrand, um den
schrecklichen Haifisch zu sehen.*

Oder

Das Pech anders zu sein

Am nächsten Tag ging Pinocchio in die Volksschule. Endlich, nach langer Zeit und vielen Irrwegen gelingt es ihm, die Schwelle einer Schule zu überschreiten, das heißt zu dem Ziel zu gelangen, das er sich beim ersten und einzigen „rechtmäßigen" Verlassen von Geppettos Haus gesetzt hatte. Das Ziel schien zwei Schritte weit vor der Haustür zu liegen, aber die Entfernung dauerte beinahe ein Leben lang. Das Schwierigste bei der Eroberung der Weisheit ist, ihre Hausadresse zu erfahren und deren Schwelle zu überschreiten.

Über das, was diesem Hampelmann, der Mensch werden will, in der Schule gelehrt wird, sagt der Text wenig. Das nächste Kapitel nennt uns der Reihe nach die Lehrbücher mit der Bemerkung, daß sie sogar für die Fische unverdaulich seien.
Das einzige Buch, das die ganze für das Studium des Menschseins notwendige Lebensweisheit hätte enthalten können, wäre „Pinocchios Abenteuer" gewesen. Aber weil es unmöglich ist, die ganze Geschichte in einem Kapitel zusammenzufassen, wird nichts verlautet. Wir werden also den Lehrplan des unbekannten Lehrers nie erfahren.

Das Märchen erzählt aber ausführlich, wie der Hampelmann von den Mitschülern empfangen wird. Wenn diese Reflexion uns auch ein wenig vom Hauptthema dieses Kommentars ablenkt und in gewissem Sinn eine „umgekehrte" Lektüre ist, verdient diese Episode doch einige Überlegungen, die für den Geist nicht ganz nutzlos sein mögen.

Pinocchio wird von seinen Kameraden belacht und gequält, weil er „anders" ist. Wichtig ist nicht, ob er besser oder schlechter ist. Und niemand interessiert es, wie er ist. Seine Verschiedenheit genügt, um ihn auszuschließen.

Die Gruppe, die Gemeinschaft und die Gesellschaft fühlen sich schon durch die reine Existenz dessen, der sich nicht anpaßt, bedroht. Wer eine andere Sprache spricht oder andere Überzeugungen besitzt oder nach einem anderen Ritus betet –, vor allem wenn er sich nicht unterlegen und vom Unglück verfolgt fühlt –, wird als objektiver Provokateur abgestempelt, und seine Anwesenheit ist unerträglich. (Um mögliche Mißverständnisse zu vermeiden, wird klargestellt, daß es sich hier nicht um denjenigen handelt, der durch sein gewohntes Verhalten absichtlich die Grundregeln des Zusammenlebens verletzt: um den Dieb, den Mörder, den Homosexuellen. Ihnen soll man Verständnis und Barmherzigkeit entgegenbringen, wenn die Abnormität durch unverschuldete Veränderungen der Psyche entstanden ist. Sie können aber keine rechtliche Anerkennung ihrer aufrührerischen Befindlichkeit beanspruchen, es sei denn, die Gesellschaft hält sich an das Muster des Landes „Dummenfang").

Die äußerste und schlimmste Zwangsstufe wird erreicht, wenn der Druck der Umgebung den „andern" dazu veranlaßt, die Überzeugung der Mehrheit zu teilen, indem er den Wert der eigenen Verschiedenheit ablehnt, um sich anzugleichen, zu ergeben und umformen zu lassen.

Und es gibt im Verlauf der Geschichte immer Leute, die alles verflachen, alles auf wenige Grundregeln verkürzen möchten, als ob die Verschiedenheit ihren Ordnungssinn verletzen würde und ein Stein des Anstoßes sei, während sie doch das Prärogativ des Universums ist, das aus den Händen eines unvorhersehbaren Gottes hervorgegangen ist wie auch die Kirche, die vom Wehen des Geistes phantasievoll gestaltet wird.

Das Nachdenken über die „Verschiedenheit" ist vor allem Aufgabe der Christen, die ihre Situation oft als „Ghetto", als „Eingrenzung" und „Verschlossenheit" bezeichnen und sich der Welt „öffnen" wollen. Abgesehen von einigen unleugbaren historischen Gründen, spürt man in dieser Rede auch das Unbehagen dessen, der sich einsam und verlassen fühlt und der Andersartigkeit müde ist, weil der psychologische Druck immer stärker wird.

Dieses Drama mag unser Mitleid erregen. Aber zunächst ist hervorzuheben, daß der tiefste und wahrste Grund der Verschiedenheit – und damit der Ausgrenzung – nicht so sehr auf einer veralteten Struktur, einer kulturellen Rückständigkeit oder einem scheinbar überholten Kirchenbild beruht, sondern auf dem Glaubensakt.

Der Christ wird in der Welt immer fremd und unpassend sein. Er kann nicht vorgeben zu glauben und so einzigartige Dinge zu verkünden wie die im Credo enthaltenen und dann meinen, ruhig unter den anderen Menschen herumlaufen zu können. Wer seine Gewißheit bekennt, daß Jesus Christus, ein vor zweitausend Jahren verstorbener Mensch, heute im wahrsten und buchstäblichsten Sinn des Wortes lebt; wer davon überzeugt ist, daß ein hauchdünnes Brot der Leib des Herrn in der Eucharistie ist; wer herumgeht und erzählt, daß er durch das Gnadenleben im Herzen die Anwesenheit der geheimnisvollen und lebenspendenden Dreifaltigkeit besitzt, darf sich nicht wundern, wenn ihn die anderen dann ein wenig meiden, wie wir es gewöhnlich mit einem „Freigeist" tun.

Er steht als „Tor um Christi willen" da, und er darf sich nicht wundern und nicht beklagen, daß er „zum Schauspiel geworden (ist) für die Welt, für Engel und Menschen" (1 Kor 4,9–10). Sein „Ghetto" umfaßt das Himmelreich, seine „Verschiedenheit" ist die Übereinstimmung mit den Engelchören, und seine „Verschlossenheit" ist offen für die grenzenlose Weite der unsichtbaren und ewigen Wirklichkeit; seine Isolierung ist Gemeinschaft mit den drei göttlichen Personen.

Es ist also angebracht, unsere Tränen nicht für den, der „anders" bleibt, zu vergießen, sondern für den, der sich um jeden Preis mit der Menge vermischen will.

Der Hampelmann reagiert auf die Bosheit der Kameraden mit einem *Tritt gegen die Schienbeine* und einem *Stoß in die Magengrube*, die den kleinen Peinigern die unerwartete Härte des Holzes spüren lassen.

Pinocchio hatte sich nach diesem Fußtritt und diesem Ellbogenstoß augenblicklich die Achtung und Zuneigung aller Jungen in der Schule erworben, und alle umarmten ihn und hatten ihn sehr gern.

Fußtritte und Ellbogenstöße sind die einzigen überzeugenden Argumente für den, der von Natur aus gewalttätig ist. Sie sind die geeignete Dialogmethode – die sich jedoch nicht der gleichen Druckmittel bedienen darf – mit demjenigen, der innerhalb seiner ideologischen Berufung die Intoleranz und die feste Absicht bewahrt hat, den, der sich nicht angleicht, auszuschließen und zu annullieren.

Die Systeme, die in ihre Logik die Gewaltanwendung als ein grundlegendes und unbestreitbares Recht ihrer „Sendung" in der Welt einschließen, verstehen keine andere Argumentation als die Gewalt. Jeder Versuch einer ideellen Gegenüberstellung wird als Schwäche abgeurteilt. Man kann keinen Dialog mit der Arroganz und mit demjenigen führen, der dir ohne objektiven Grund die Möglichkeit abspricht, so zu sein, wie du bist und wie du sein willst.

Niemals ist für den christlichen Stil Gewaltanwendung erlaubt, auch nicht die Erpressung. Auf Gewalt darf man nicht mit Gewalt antworten, aber mit der Stärke ja. Mit der Seelenstärke dessen, der sich nicht einschüchtern läßt, mit der Stärke einer Gemeinschaft, die fähig ist, jedem politischen und kulturellen Übergriff moralisch Widerstand zu leisten, mit der Festigkeit, sich der Zustimmung zu enthalten, wenn sie nicht mit Mitteln der vernünftigen Beweisführung erheischt wird.

Diese Kraft wird nicht nur im Namen der Wahrheit und Gerechtigkeit (oder wenigstens im Namen der berechtigten Überzeugung, in der Wahrheit und Gerechtigkeit zu sein) angewandt, sondern auch als Akt der Liebe zu den Feinden. Manchmal ist es die einzige Möglichkeit, daß sie sich bessern und zu edleren Gedanken und Vorsätzen angeleitet werden. Härte mit Härte zu beantworten, kann die einzige Form der Nächstenliebe sein, die wir gegenüber dem Menschen ausüben können, der die Menschen beherrschen will.

Siebenundzwanzigstes Kapitel

Große Prügelei zwischen Pinocchio und
seinen Kameraden; einer wird dabei verletzt, und
Pinocchio wird von den Schutzleuten abgeführt.

Oder

Die Unannehmlichkeiten der Ehrbarkeit

Mit der Nachricht von der Ankunft des Haifisches verleiten die Kameraden Pinocchio dazu, die Schule zu schwänzen. Der Hampelmann läßt sich auch deshalb überreden, weil er immer noch hofft, Geppetto wiederzufinden: *Ob das derselbe Haifisch von damals ist, als mein armer Vater ertrank?* Woraus zu sehen ist, daß unsere Tugenden nie ganz frei sind von heimlichen verkehrten Absichten und unsere schwärzesten Sünden immer auch einen schwachen Lichtschein des Guten bergen.

Am Strand entsteht eine große Rauferei zwischen dem betrogenen Hampelmann und den Jungen. Der Streit endet damit, daß einer der Freunde, Eugenio, von einem andern Jungen verletzt wird und das Bewußtsein verliert. Pinocchio bleibt bei ihm, um Hilfe zu leisten, und die Polizisten – das versteht sich – nehmen ihn fest.

Schämst du dich nicht, jeden Tag so gewissenhaft und aufmerksam beim Unterricht zu sein? Schämst du dich gar nicht, so fleißig zu lernen? sagen diese Lausebengel, seine Kameraden, zu Pinocchio.

Derjenige, der Gerechtigkeit übt, ist für ein ungerechtes Volk einfach unerträglich. Nicht einmal Tugendpredigten und Kreuzzüge gegen dieses oder jenes Laster irritieren die Menschen so sehr wie das rechte Verhalten. Predigten und Kreuzzüge haben immer etwas Komisches und Unbeholfenes an sich, das den Sündern erlaubt, sich hinter der Verspottung zu verschanzen und sich auf diese Weise ohne große Mühe zu schützen. Aber die wahre und lautlose Tugend ist eine unerträgliche Herausforderung.

So mancher meint, die Christen würden akzeptiert und hochgeschätzt und ihr Zeugnis sei „glaubwürdig", wenn ihr Leben dem Evangelium entspräche, das heißt, je mehr sie in Armut, Keuschheit, Großherzigkeit gegenüber den anderen, in der Nächstenliebe und in voller Gerechtigkeit lebten.

Wie überall ist etwas Wahres daran. Es ist vor allem wahr, daß der Christ seiner Authentizität und Kohärenz entsprechend geistlich fruchtbar sein und in seiner Umgebung das göttliche Leben verbreiten soll. Aber daß die Jünger Jesu sich von der abosluten Treue zum Evangelium und seinem Lebensmodell Ehre, Lob und Erfolg, dialektische Überzeugungskraft und Freundschaft erwarten dürfen, ist eine Illusion, über die man sich nur wundern kann, denn eine solche Hoffnung wird von Christi Wort und von der zweitausendjährigen Erfahrung übereinstimmend widerlegt.

Der Dieb fühlt sich betroffen durch die Lebensführung des ehrbaren Menschen. Der Lüstling fühlt sich unbewußt beleidigt von dem, der in der Keuschheit lebt. Der Egoist meint, wer das Leben dem Dienst am Nächsten weiht, stehe mit ihm auf Kriegsfuß. Die Tugend ist beleidigend, und ihre wenn auch unfreiwilligen Auftritte sind Beleidigungen, die man gewöhnlich nicht vergißt.

Die Literatur, die Presse und die öffentliche Meinung sind voll von Hinweisen auf die Härte und das Unverständnis der frommen und tugendhaften Personen gegenüber den armen Sündern. Auch daran ist etwas Wahres. Aber im ganzen gesehen, ist die Wahrheit eine andere, weniger reizvolle und für uns Sünder weniger schmeichelhafte: Es sind vor allem die Betrüger, die den Gutgesinnten gegenüber intolerant sind.

Viele Gläubige sind der Meinung, daß sie den Ungläubigen unsympathisch sind auf Grund ihrer Fehler, ihrer mangelnden Grundsatztreue zu ihren religiösen Idealen. Wenn dem nur so wäre! Aber die Wirklichkeit ist nicht so schön. Sie wirken zum Großteil unsympathisch auf Grund ihrer Ehrbarkeit und ihres ernsthaften christlichen Einsatzes. Und so können wir uns erklären, warum wir in der Gesellschaft immer nur geduldet werden.

Schämst du dich nicht ...?

Raissa Maritain schrieb treffend: „Die Scham ist nicht immer ein Zeichen für ein schlechtes Gewissen. Wenn ich merke, daß jemand etwas Unrechtes über mich denkt, erröte ich. Wenn jemand mir ins Gesicht lügt, schlage ich die Augen nieder ...“

Es ist eine langgehegte und angenehme Illusion, wenn man meint, daß das Laster Scham verspüre und sich verbergen oder tarnen wolle. Aber die Dinge liegen nicht immer so. Wie viele geradlinige Menschen müssen sich unmoralisch und unverschämt verhalten, weil sie sonst den auf ihnen lastenden Druck der „Verschiedenheit“ nicht ertragen können! Wir alle sind mehr oder weniger gezwungen, uns dem „Antikonformismus“ des kulturellen Regimes anzugleichen, das sich mit einem Eifer, der einer besseren Sache würdig wäre, um unsere innere Emanzipation bemüht. Wer wird uns von der Unterdrückung der Befreier befreien? Wer wird dem Menschen die unerhörte Freiheit, fromm zu sein, wenn er will, geben? Wer wird uns eine Tugend ohne Schamröte geben? Eine solche Revolution, die uns mit den anderen Freiheiten auch diese Freiheit bringen will, wird von den Machthabern nicht lange geduldet.

Halt den Mund, du langweiliger Krebs!

Das unerwartete und ungewollte Eingreifen des Krebses *mit einer Stimme, die wie eine erkältete Trompete klang,* und seinen Ermahnungen ruft für einen Augenblick die Sprechende Grille ins Leben. Es ist sicher eine ihrer sich regelmäßig wiederholenden Erscheinungsformen, gleichsam das Wiederaufstoßen eines scheinbar für immer erloschenen Gewissens, das aber hin und wieder einen Weg findet, um seinen Protest durch die erfinderischen Vorhänge durchsickern zu lassen, mit denen der Mensch es aus dem Leben auszuschalten sucht.

Also eine Neuerscheinung der Grille. Das genügt, um Pinocchio, der im Grunde einen gerechten und guten Kampf kämpft, zum Sprecher und Anführer gegen sie zu machen.

Auch diesmal hatte diese Stimme des Gewissens Unangenehmes vorausgesehen: *Irgendein Unglück gibt es immer.* Bekanntlich sind die Unglückspropheten unter uns nicht willkommen, vor allem wenn sie Recht haben.

Das genügt. Mehr brauchen wir nicht.

Im dritten Kapitel hatten die Schutzleute Geppetto festgenommen, als er sein Kind erziehen und bessern wollte, aber dem leichtsinnigen Hampelmann seinen Willen gelassen, sich zugrundezurichten. So hatten die Polizisten die Regeln der modernen Pädagogik vorweggenommen. Nun führen sie Pinocchio ins Gefängnis, aber nicht aus Reue oder zur Wiedergutmachung. Die weltliche Obrigkeit – obwohl sie Gutes beabsichtigt – kann ihre Beschränktheit nicht verleugnen. Pinocchio ist diesmal ohne Schuld, aber um das einzugestehen, wären viele und tiefreichende Beweisführungen notwendig. Der Obrigkeit erscheint jedoch die Aufforderung zum Nachdenken eher verdächtig und unangenehm, weil sie sich in einen Bereich hineingezogen fühlt, der nicht der ihrige ist, und deshalb schneidet sie das Wort ab: *Das genügt.*

Achtundzwanzigstes Kapitel

Pinocchio soll als Fisch in der Pfanne
gebraten werden.

Oder

Die zwei Gesichter
der „Natur"

Durch eine List gelingt es Pinocchio, den Schutzleuten zu entkommen und eilig zu fliehen, er wird aber von einem großen Hetzhund namens Alidoro verfolgt. Der Hampelmann rettet sich, indem er sich ins Meer stürzt. Auch Alidoro fällt hinein, denn der *Schwung seines Laufs trug ihn ins Wasser.* Der Hund wäre ertrunken, wenn ihn nicht der gutherzige Verfolgte hätte retten wollen. Aber Pinocchios Pechsträhne ist noch nicht zu Ende. Er verfängt sich *in einem Gewimmel von Fischen* in einem großen Netz eines furchterregenden grünen Fischers, so *grundhäßlich wie ein See-ungeheuer.* Nachdem er gut in Mehl gewälzt worden war, soll er in der Pfanne gebraten werden. Auf Alidoros Bitte, der seine Dankbarkeit beweisen möchte, entgeht er einem schrecklichen Tod.

Dieser Teil des Buches dokumentiert besonders deutlich die schon genannte Unterschiedlichkeit in der Größe der Märchenfiguren, die eine onirische Verschlüsselung, das heißt eine der Traumgestalten ist. Pinocchio, groß genug, um mit den Dorfkindern zu spielen und *einen großen Hetzhund* am Schwanz zu packen und an Land zu ziehen, wird hier so klein, daß er mit den Sardinen und Meerbarben verwechselt wird.

Aber die Hauptfigur – eine der malerischsten des ganzen Märchens – in dieser Episode ist zweifellos der grüne Fischer. Unser Kommentar stößt auf dieselbe Schwierigkeit wie bei der Schlange, deren bizarres Wesen von ihrer Hautfarbe noch verstärkt wird. Scheinbar hat diesmal die pure Fabel gegenüber den theologischen Inhalten die Oberhand gewonnen – wie es auch recht ist.

Aber Collodis Beschreibung, mit dem vielen Grün Wald und Wiese ähnlich, läßt uns in diesem Wesen die Darstellung der Naturgewalten sehen: An *Stelle der Haare wuchs ihm ein dickes Büschel grünes Gras auf dem Kopf, sein ganzer Körper war grün, seine Augen waren grün, und grün war sein langer, langer Bart;* eine Art mythologischer Meer- und Waldgottheit zugleich. Diese Deutung kommt uns sehr gelegen, denn in unserem Kommentar ist eine wenn auch flüchtige Reflexion über die „Natur" sehr angebracht.

Die „Mutter Natur" ist im zeitgenössischen Bewußtsein eine der gegenwärtigen und lebendigen Mythen, zumindest seit Beginn der optimistischen Sicht der Aufklärung. Die Natur ist gesund und gut, die Zivilisation ist korrupt. Wenn man sich von den Verkrustungen der Bräuche, der willkürlichen Strukturen, der „Kultur" befreit, wird man die ursprüngliche Schönheit und Frische wiederentdecken. „Naturbelassen" ist das Synonym für rein, gesund, heilsam. Tatsächlich festigen und begründen die Vielfältigkeit und Verfeinerung, zu denen die Wissenschaft und Technik uns angeleitet haben, diesen Mythos immer mehr.

Nicht selten entfaltet sich der Mythos in einem mehr oder weniger areligiösen Klima. Der Atheismus oder der Deismus, das heißt die Überzeugung, man müsse Gott in Ruhe lassen, so wie er uns in Ruhe lassen soll, sind die allgemeinen Anschauungen, die die Grundlage für diese Verherrlichung der Natur bilden. Der Hinweis auf die „Mutter Natur" ist oft eine elegante Floskel, um sich aus der Schlinge zu ziehen und nicht die eigene Meinung hinsichtlich der Existenz eines Vaters und seiner Vorsehung preisgeben zu müssen.

Abgesehen von diesem Grund und diesem Zusammenhang – was ist über die Natur und ihre Mutterschaft zu sagen? Auch hier gilt es zu unterscheiden.

Für sich allein, das heißt ohne transzendente Zusammenhänge und in der Beziehung zur menschlichen Person betrachtet, scheint sie uns im grünen Fischer wahrheitsgemäßer als im Bild einer liebevollen Mutter dargestellt.

Die Natur bedroht uns mit blinder Gewalt. Weder Gutsein noch Geisteskraft werden von ihr berücksichtigt. Die Würde und Größe des Menschen beeindrucken sie nicht im geringsten. Pinocchio wird zu den Fischen gezählt und soll ohne Rücksicht in der Pfanne enden. Die Tatsache, daß er *sprechen und denken* kann, hilft ihm nicht, das Ungeheuer, das ihn verschlungen hat, davon zu überzeugen, daß ihm eine andere Behandlung zustünde. Die Naturgewalten verhalten sich gegenüber dem Menschen – dem einzigen Lebewesen auf der Welt, das bewußt denkt und leidet – nicht anders als gegenüber den Geschöpfen ohne Bewußtsein.

Die unschuldige Grausamkeit dieses Ungeheuers, das *einer riesigen grünen Eidechse glich, die aufrecht auf ihren Hinterbeinen steht,* ist die gleiche wie die der physikalischen Phänomene, die angesichts des Geistes und seiner Ängste völlig unwissend und gleichgültig sind. Vor den Naturgewalten, die für jede Stimme der Vernunft taub und jede Sublimierung blind sind, kann der Mensch am Ende nur Furcht und Schrecken empfinden.

Eine andere Sache ist es, wenn man die Natur nicht für sich allein, sondern als Bestandteil des einen Projektes der Liebe betrachtet, die uns ins Dasein gerufen hat. Denn auch die Natur folgt wie die Kirche dem ewigen Plan des Vaters.

Wer mit diesem Geheimnis vertraut ist, weiß, daß nichts zufällig geschieht. Auch die unerklärlichsten und undurchsichtigsten Ereignisse sieht er eingebettet in eine Vernunft und ein Wohlwollen, die uns jetzt verborgen bleiben, aber eines Tages vollständig enthüllt werden. Als „Tochter" und „Dienerin" Gottes kann die Natur auch als Mutter anerkannt und geliebt werden, weil sich in ihr eine Vaterliebe ausdrückt und verwirklicht.

Unter diesem Aspekt verliert die Natur die Züge der Beschränktheit und der Wildheit und „vermenschlicht" sich sozusagen, weil sie von einem Plan gestützt und bestimmt wird, dessen Mittelpunkt der Mensch ist. Dann ist der Mensch nicht mehr Opfer und Spielball, sondern Sinn und Ziel aller Naturerscheinungen.

In diesem Fall gibt der Grüne Fischer kein angemessenes Bild mehr ab. Sprechendes Bild der Natur wird dann das schöne Mädchen mit türkisblauem Haar, wie es das Bild für die Menschheit Christi und das Geheimnis der Kirche ist. In der Tat vereinigt sich alles, ohne ineinander zu verschmelzen oder sich gegenseitig auszulöschen, in der Einzigkeit der göttlichen Weisheit.

Neunundzwanzigstes Kapitel

Pinocchio kehrt ins Haus der Fee zurück,
die ihm verspricht, daß er vom nächsten Tag an
nicht mehr ein Hampelmann, sondern ein Junge
sein wird. Großes Kaffee-Fest zur Feier dieses
bedeutenden Ereignisses.

Oder

Der Aufbau der Kirche. Die Buße.
Das Festmahl der Kinder.

Nach seiner Rettung durch Alidoro kehrt Pinocchio zögernd zum
Haus der Fee zurück, aber er findet es verschlossen. Deshalb *klopft*
er einmal ganz leise an. Eine große Schnecke mit einem brennenden
Lichtchen auf dem Kopf erscheint, um ihm zu öffnen, aber sie hat es
gar nicht eilig, ja sie braucht die ganze Nacht, um *bis zur Haustür*
herunterzukommen. Und die Fee ist nicht zu sprechen. Dem verzweifelten und ausgehungerten Pinocchio, der *wenigstens um etwas*
zu essen bittet, bringt die Schnecke ein Brot aus Gips, ein Huhn
aus Pappe und vier reife Aprikosen aus Alabaster.
Vor lauter *Schmerz oder großer Leere in seinem Magen* wird Pinocchio ohnmächtig.
Als er wieder zu sich kommt, sieht er neben sich die Fee, die ihm
wiederum verzeiht. Der Hampelmann verspricht zu lernen und sich
immer gut zu betragen. Und er hält sein Wort bis zum Jahresende,
so daß ihm nach den bestandenen Prüfungen endlich gesagt wird:
Von morgen an wirst du kein hölzerner Hampelmann mehr, sondern ein
richtiger Junge sein.
Um das *bedeutende Ereignis* zu feiern, wird ein großes Kinderfest mit
zweihundert Tassen Milchkaffee und vierhundert Brötchen, beiderseitig
mit Butter bestrichen, vorbereitet.
Dieses Kapitel ist reich an Inhalt und Bedeutung. Zur größeren
Klarheit ist es nützlich, es in drei Lektionen zu unterteilen.
Die erste wird uns von den unbegreiflichen Schwierigkeiten gege-
ben, denen unser Held begegnet, als er zum Haus der Fee wieder *in*

einer stürmischen Nacht kommt: *Es war schon dunkle Nacht ... schlechtes Wetter, und es regnete in Strömen.*

Als Pinocchio, zunächst ratlos und widerstrebend, schließlich zögernd *einmal ganz leise anklopft,* hätten wir erwartet, daß sich die Haustür sofort öffnen und die innig geliebte Gestalt erscheinen würde. Das ließe uns zumindest das Gleichnis vom verlorenen Sohn vermuten, in dem aber vom Vater die Rede ist und nichts über irgendwelche Komplikationen gesagt wird, die durch eine mütterliche Vermittlung entstehen könnten.

Nach einer halben Stunde ging endlich ein Fenster im obersten Stockwerk auf ... und Pinocchio sah, wie sich eine große Schnecke hinausbeugte anstelle der geliebten Gestalt. Man kann sich kaum eine größere Enttäuschung vorstellen.

Diese dienststeifrige, aber lahme Schnecke, die keine Personifizierung der Fee ist, aber in deren Haus wohnt, die Nachrichten überbringt und gleichsam die Vollstreckerin ihres Willens ist, kann gut die ganze äußere Kirchenstruktur darstellen, die kein Bestandteil der tiefen Wirklichkeit des Geheimnisses der Kirche, aber mit ihr notwendigerweise verbunden ist und von dem, der sich diesem Geheimnis nähern will, nicht außer Acht gelassen werden darf.

Jeder Mensch, der den Vater sucht, muß in der Kirche leben. Und wer in der Kirche lebt oder ihr nahesteht, muß mit der Langsamkeit, den nervenzermürbenden Verspätungen, den Unvorsichtigkeiten und der Taubheit des kirchlichen Apparates rechnen.

Aber das ist als sicher vorauszusetzen und soll kein Ärgernis erregen. Ja, es ist geradezu in den transzendenten Plan der Vorsehung miteinbezogen: Der Mensch, der an der Kirche teilhaben will, muß sich ein wenig in der Ungeduld verzehren, damit sich die Illusionen verflüchtigen und die Absichten klären. Ohne diese Prüfung läuft die Umkehr Gefahr, nur eine vorübergehende, oberflächliche Erfahrung zu sein.

Pinocchio, der eine ganze Nacht *vor Kälte, Angst und Nässe zitternd* verbracht hatte, erinnert uns ein wenig an Heinrich IV. in Canossa, abgesehen vom gebührenden Respekt gegenüber Seiner Kaiserlichen Hoheit.

Eine zu nachgiebige Kirche ist eine banale Kirche. Gerade wegen ihrer unendlichen Liebe für den Menschen, die in ihr lebendig ist, darf sie der Welt und deren Launen nicht zu sehr nachgeben, wenn sie ihre Anziehungskraft und Erziehungsfähigkeit keinen Augenblick verlieren will.

Zum Glück wird der kirchliche Apparat auch in Epochen, die sich mehr ihren geläufigen Mythen hingeben, immer langsam und quälend genug sein, so daß die Wahrhaftigkeit des Glaubens und die Ernsthaftigkeit der Absichten dessen, der darum bittet, heimkehren zu dürfen, oder dessen, der bewußt mit der Kirche leben will, immer ausreichend auf die Probe gestellt werden.

Auch in dieser Episode zeigt sich die Fee mitleidlos, aber das ist ihre Art, ernsthaft zu lieben und für den Hampelmann das Gute zu wollen. Deshalb erscheint sie, um zu trösten und zu vergeben, erst am Ende dieses Kapitels.

Die zweite Reflexion betrifft die mühevolle Reue und Buße, die gewöhnlich mit dem Sakrament der Versöhnung abschließt.

Pinocchio bereut diesmal aus tiefstem Herzen. Einer seiner Monologe überzeugt uns davon. Es ist eine tiefgehende, anstrengende Reue, die ihn in tausend Ängste verstrickt, so daß er *einen Schritt vorwärts und einen zurückgeht.* Sein Schicksal ist eingehüllt in die Dunkelheit der fünften Nacht dieser Erzählung. Wie die vierte Nacht symbolisiert sie mehr den unbequemen und ungewissen Weg dessen, der auferstehen will, als die Dunkelheit, in die der Sünder eintaucht.

Obwohl er die Tür kennt, an die er klopfen muß, obwohl er davon überzeugt ist, daß es für seine seelische Verwirrung keine andere Lösung gibt, ist der Mensch, der umkehren will, oft zu keinem Entschluß fähig. Denn von der Kirche, die als einzige wirklich zu Reue und Umkehr führen und diese vollbringen kann, geht eine Anziehungskraft aus, die zugleich abstößt, und in manchen Augenblicken ist die Lähmung des Geistes scheinbar nicht zu überwinden. Der Sünder ahnt, daß ihn am Ende dieser quälenden Unsicherheit Freude und Frieden erwarten. Aber deshalb wird die Beschwerlichkeit nicht geringer.

Als er dann davorstand, fehlte ihm doch der Mut, und statt anzuklopfen, lief er wieder zwanzig Schritte zurück. Und wieder ging er an die

Tür heran, und wieder fehlte ihm der Mut. Ebenso war es beim drittenmal. Beim viertenmal ergriff er endlich zitternd den Türklopfer und klopfte einmal ganz zaghaft an.

Genauso sind die Qualen, die Manzoni im Herzen des Innominato während der unruhigen Nacht seiner Wandlung zu erkennen meint, obwohl Collodi sie hier nur trocken kommentiert, wie es der hölzernen Natur der Hauptfigur entspricht.

Dieser Kampf zwischen Ja und Nein im Herzen des Sünders wurde und wird unzählige Male zu Hause, an der Kirchenschwelle und vor den Beichtstühlen insgeheim geführt, auch wenn er nicht zu der Art von Schauspiel gehört, dem Beifall gespendet oder das kritisiert werden kann. Wer ihn in der Verborgenheit des Geistes durchlebt, ahnt, daß er im Angesicht des Universums kämpft, im Ausblick auf seine Bestimmung, im Geheimnis der ganzen Kirche, auch wenn er nicht immer geneigt ist, an gemeinschaftlichen Feiern teilzunehmen, wie es viele einfältige Liturgiker für wünschenswert halten.

Drittes Thema der Reflexion.

Nach der langen Nacht seiner Reue und Umkehr stürzt sich Pinocchio mit einem Heißhunger auf das Essen, das ihm angeboten wird, und muß feststellen, *daß das Brot aus Gips, das Huhn aus Pappe und die Aprikosen aus Alabaster waren, die man täuschend echt angemalt hatte.*

Eine neue Grausamkeit, könnte man sagen. Aber der Mensch darf sich keine Illusionen mehr machen über die Speisen, die ihm üppig und appetitanregend erscheinen, wenn er zur „nüchternen Trunkenheit" des kirchlichen Festmahls gelangen will. Es ist nicht sehr weise, nach pikanten und auserlesenen Speisen oder neuesten Angeboten der überspitzten Gastronomie zu suchen, die den verwöhnten Gaumen der Satten reizen können. Die Weisheit besteht vielmehr darin, jeden Tag im Schmecken der immer gleichen einfachen und nahrhaften Speise zu wachsen, durch die das Geheimnis der Verwandlung und der kirchlichen Gemeinschaft froh begleitet und gepriesen wird.

Eine große Festtafel mit Milchkaffe und Butterbrot stand im Haus der Fee *zur Feier dieses bedeutenden Ereignisses* bereit, das heißt zur

Feier von Pinocchios wunderbarer Verwandlung, weil er endgültig den Weg der Auflehnung gegen den Vater und die hölzerne Natur hinter sich läßt, um *ein richtiger Junge zu werden.*

Der Sinngehalt ist leicht zu verstehen. Wir erkennen hier die feierliche Strenge des eucharistischen Mahls, in dem wir durch Christi Tod und Auferstehung das Ende unseres Weges der Umkehr feiern, den Übergang vom weltlichen Dasein zur Gotteskindschaft, die Erhöhung unserer Existenz, die am göttlichen Leben teilhat.

Es ist das Festmahl der Weisheit, die „ihren Tisch gedeckt" hat und zu allen sagt: „Kommt, eßt von meinem Mahl, und trinkt vom Wein, den ich mischte" (Spr 9,2–5). Das Festmahl der Heimkehr des verlorenen Sohnes, das der Vater für seine Familie voll Freude bereitet: „Wir wollen essen und fröhlich sein. Denn mein Sohn war tot und lebt wieder; er war verloren und ist wiedergefunden worden" (Lk 15,23–24); das Mahl, wo wir die Gäste des Königs sind, der sich über die Hochzeit seines Sohnes freut (Mt 22,2).

Man vollendet den Übergang von der Sünde zum Leben in der Gnade nur im eucharistischen Mahl. Dort erfaßt Gottes verwandelnder Reichtum mit Hilfe der Kirche die Armseligkeit unserer Gegenstände, Gesten, Worte und Personen. Indem uns dieser Reichtum der Welt entreißt, fügt er uns in das Geheimnis des Opfers des erhöhten Christus ein, der sich, mit den Seinen vereint, in einem unerschöpflichen Akt der Hingabe der Liebe des Vaters anvertraut.

So scheinen Pinocchios Abenteuer zu enden.

Aber ...

Leider gibt es im Leben der Hampelmänner stets ein „Aber", das alles wieder umwirft.

Solange sich die Verwandlung im Reich der Auferstandenen vollzieht, besteht die Gefahr, daß noch einmal alles aufs Spiel gesetzt wird.

Dreißigstes Kapitel

*Statt ein richtiger Junge zu werden, reist Pinocchio
mit seinem Freund Docht ins Spielzeugland.*

Oder

Das Geheimnis der verwundeten Freiheit

In diesem und im folgenden Kapitel entsprechen merkwürdigerweise Collodis Überschriften nicht genau dem Inhalt, sondern gehen der Erzählung voraus.

Der Inhalt dieses Kapitels ist rasch zusammengefaßt: Pinocchio bereitet ein Fest vor und geht in die Stadt, um alle seine Kameraden einzuladen. Am Ende fehlt nur sein bester Freund Docht, den er *schließlich im Bogengang eines Bauernhauses* entdeckt.

Docht setzt der frohen Nachricht des Hampelmanns eine andere Nachricht entgegen und beantwortet seine Einladung mit einer anderen Einladung. Er ist im Begriff, ins *Spielzeugland* zu fahren, wo es keine Pflichten, keine Arbeit, sondern nur Vergnügen gibt. *Warum kommst du nicht mit?* sagt er. Da beginnt Pinocchios innerer Kampf. Am Ziel seiner Wünsche angelangt, spürt er noch einmal den verführerischen Reiz eines anderen Ziels, das ihm besser passen und mehr zusagen würde.

Das lange, folgenschwere Gespräch mit Docht gehört zu den dramatischsten Seiten des ganzen Buches.

Es ist die Szene der großen Versuchung, in der mit großer Genauigkeit die Widersprüche der existentiellen Freiheit untersucht werden. Man kennt den Weg der Gerechtigkeit, und man will sich für das Gute entscheiden, aber die Wahl fällt immer zugunsten der Ungerechtigkeit und des Bösen aus.

Die Verführung im Herzen wird immer stärker, je länger man die angenehmen Seiten der Pflichtverletzung betrachtet. Und je öfter und heftiger man seinen Widerstand beteuert, um so deutlicher wird, daß die Niederlage nahe bevorsteht. *Nein, nein und noch mal nein!* Wie wahr ist es, daß ein einziges Nein entschiedener klingt als vier!

Nunmehr habe ich versprochen: „Nunmehr" ist das tragische Wort in diesem Satz, ja das tragischste Wort des ganzen Gesprächs. Es ist die umgekehrte Reue, das Bedauern, Gutes getan zu haben, die Traurigkeit, gut gewesen zu sein, die Melancholie, auf der Seite der Wahrheit zu stehen. Wenn dieses Gefühl angenommen und bewußt geteilt wird, ist die seelische Katastrophe schon im Gang. Wenn sich im Herzen der Überdruß an Gott und seinem zu großen und zu weit entfernten Reichtum einnistet und man diesem inneren Unbehagen nachgibt, ruft man schon eindeutig und wirksam Gottes Widersacher herbei, der nicht lange auf sich warten läßt. Der Mensch ertappt sich oft dabei, daß er gleichzeitig den Engel und das Tier beneidet. Er ist zwischen zwei entgegengesetzten inneren Spannungen, zwischen der Vergöttlichung und der Verrohung, in einem Konflikt von Bestrebungen hin und her gerissen, der sein Maß übersteigt und ihn überwältigt. In diesem Spiel scheint sich die Freiheit zu verirren und aufzulösen.

Die Freiheit: Es ist an der Zeit, dieses Thema anzugehen, das zu den interessantesten unseres Buches zählt.

In Pinocchios Märchenfigur wird der Mensch als Herr seiner selbst und seines Tuns, der freie Mensch, nüchtern dargestellt – und belächelt.

Aber der Mensch ist weniger ein freies, als ein frei-sein-müssendes Geschöpf. Es ist leichter zu beweisen, daß in ihm die Freiheit vorhanden sein muß, als festzustellen, daß sie vorhanden ist.

Seine Freiheit gibt dem Universum Sinn, ohne die Freiheit wird alles zunichte. Wenn es ein Geschöpf gibt, das mit seinen Händen Tag für Tag die eigene endgültige Bestimmung aufbaut, dann finden alle Dinge in ihm ihren Sinn und Zweck. Umgekehrt, wenn der Mensch nur eine launige Mißbildung ist, aber sich nicht wesentlich von den anderen Geschöpfen unterscheidet, bewegt sich der kosmische Mechanismus ohne vernünftigen Grund.

Wenn es keine Freiheit gibt, gibt es nirgends eine Antwort der Liebe auf die Liebe Gottes. Niemand kann dann der Gesprächspartner Gottes sein, der doch ruft und herausfordert, und alles verliert an Verständlichkeit. Wenn es niemanden gibt, der den Vorrang des Bewußtseins und der Liebe ausströmt, einen Vorrang, dessen Notwendigkeit der unbedarfte, obligate Gesang der Dinge allein nicht verlangt, hat die Schöpfung weder Stimme noch Seele, und alles ist unwahrscheinlich und zwecklos. Der Schöpfer braucht keine große, taube und blinde Maschine namens Welt, in der er niemanden findet, der ihm in Erkenntnis und Liebe frei antwortet. Der Mensch „muß" also frei sein. Aber ist er es wirklich?

Scheinbar nicht, denn der Böse scheint ihn in der Zange zu haben und ihm keinen Spielraum zu lassen und bekommt am Ende immer die Oberhand. Man kann sich der Schuldhaftigkeit nicht entziehen. Die Sünde ist ein fatales Geschick, dem der Mensch nicht entgehen kann, und das weiß er.

Er, der in der Auflehnung die absurde Erfahrung macht, sich stärker als Gott und sein Gesetz zu fühlen, entdeckt zugleich, daß das Böse stärker ist als er und daß das, was ihm berauschende Selbstbestätigung schien, nur Schwäche, Nachgiebigkeit, Niederlage ist.

Aber was heißt das dann? Ist der Mensch Herr seines Handelns und seines Schicksals oder nicht? Wenn er es ist, warum erfährt er sich nicht als solcher? Wenn er es nicht ist, warum führt uns dann jede vernünftige Überlegung zu dem Schluß, daß ja gerade in dieser Herrschaft das eigentliche Wesen des Menschen besteht, das allen anderen Dingen Sinn gibt? Wenn die Schuld schicksalhaft ist, warum können wir sie uns nicht anders als einen Akt vorstellen, den man vermeiden kann? Und wenn sie vom inneren Anspruch ihres Wesens her vermeidbar ist, warum erfahren wir sie oft mit der Fatalität verbunden?

Pinocchio, der das Gute will und immer das Böse tut, zwingt uns, einen der geheimnisvollsten Aspekte des Rätsels des Menschen anzugehen.

Wie alle großen und wahren Rätsel des Daseins ist auch dieses von der natürlichen Erkenntnisfähigkeit wahrzunehmen, aber ohne Zuhilfenahme der Offenbarung nicht zu lösen. Wir leben in einer Ordnung der Dinge, in der die überrationalen Faktoren so sehr überwiegen, daß es schwierig ist, die Wirklichkeit angemessen zu erfassen, wenn die höhere Glaubenseinsicht uns nicht alle Daten liefert.

Der Glaube gibt uns den Blick frei für das Geheimnis und erklärt uns, daß es in dieser konkreten, von der Vorsehung gewollten Ordnung keine wahre und vollkommene Freiheit des Menschen geben kann, wenn sie nicht vom Opfertod Christi erlöst, von seiner Gnade getragen und von seinem göttlichen Leben genährt wird. Dieses göttliche Leben wird dem geschenkt, der glaubt.

Und weil die Gnade nicht unbedingt zu spüren ist, ist es kein Wunder, daß die Erfahrung des Menschen oft eine Erfahrung der Versklavung ist. Solange die Teilhabe an der göttlichen Natur nicht vollkommen ist, scheint das Böse gewöhnlich überhandzunehmen.

Die wahre Freiheit erringt man, wenn im Leben in der Gnade und dann endgültig im Leben in der Herrlichkeit der Übergang zu einer höheren Natur vollzogen wird. Indem der Mensch über sich hinauswächst, gelingt es ihm, wirklich der zu sein, der er ist. Das ist eine der tiefsten Weisheiten, die uns Pinocchios Abenteuer lehren.

Dieses Geheimnis erwächst aus dem Geheimnis der „Natur" des Menschen, die ihm die Theologie gibt. Es geht um das Geheimnis dessen, was der Mensch nach dem ewigen Plan des Vaters ist. Und die „theologische Natur" des Menschen besteht darin, „Bild Christi" zu sein, das Abbild dessen, der nach einem alten Ausspruch der „Riese der doppelten Substanz" ist, der unseren Lebensweg voll und ganz gehen wollte.

Der Mensch ist wahrhaft Mensch, wenn er sich nicht darauf beschränkt, Mensch zu sein, sondern wenn er mehr als ein Mensch ist; wenn er der göttlichen Natur teilhaftig wird, indem er sich dem Sohn Gottes, der unser Bruder geworden ist, nachzubilden beginnt, ohne das echt Menschliche abzulegen.

Einunddreißigstes Kapitel

*Nach fünf Monaten Schlaraffendasein merkt
Pinocchio zu seinem größten Erstaunen, daß ihm
ein Paar prächtige Eselsohren wachsen, und er
wird zu einem Esel mit einem Schwanz
und allem, was dazugehört.*

Oder

Der Böse und seine Welt

Heimlich und schnell rollt der Wagen mit den acht- bis zehnjährigen Jungen, die den großen Entschluß gefaßt hatten, durch die Nacht. Geführt wird er von einem Mann, *mehr breit als hoch,* der so freundlich und in der Überredungskunst so erfahren ist, *daß alle Jungen, die ihn nur sahen, augenblicklich von ihm fasziniert waren.* Pinocchio zögert noch, aber nach drei tiefen Seufzern entschließt er sich: *Rückt ein bißchen zusammen; ich will auch mitkommen!*
Der Wagen fährt rasch weiter, und *beim Morgengrauen* erreicht er glücklich *das Spielzeugland,* wo niemand lernt, niemand arbeitet, sondern alle in Unordnung und Verworrenheit das Leben genießen.

In diesem Kapitel erscheint endlich der „Widersacher" in Person. Ohne ihn ist die Darstellung des Dramas des Menschen nicht vollständig.
Das Böse ist das ganze Buch hindurch zu spüren. Pinocchio entdeckt es wiederholt in seinem Inneren. Er begegnet ihm getarnt unter den unschuldigsten und hilflosesten Erscheinungsformen; im Fuchs und im Kater ist es personifiziert. Aber bis zu diesem Augenblick hat es sich noch nicht als der „Fürst dieser Welt" offenbart, als der Anstifter jedes bösen Denkens, als der Widersacher, der „wie ein brüllender Löwe umhergeht und sucht, wen er verschlingen kann" (1 Petr 5,8).
Seine Existenz ist für den erwachsenen und rationalen Menschen von heute ein bloßer Mythos. Der Ursprung des Bösen und seine

hinreichende Berechtigung finden sich – nach Sokrates – in der Unwissenheit oder – nach der Aufklärung – in den törichten Traditionen, die sich im Laufe der Jahrhunderte angesammelt haben und die natürliche Frische und Lebendigkeit des Geistes verdunkeln; oder – nach Marx – in den entfremdenden Strukturen einer Gesellschaft, die vom wirtschaftlichen Egoismus der Mächtigen unterdrückt und fehlgeleitet wurde. Und an allen diesen Hypothesen ist ein Körnchen Wahrheit.

Denn das Böse in der Welt ist größer als diese Ursachen und übersteigt jede vernünftige Erklärung.

Die im Laufe der Geschichte entstandenen deformierten Strukturen, die von Generation zu Generation aufgezwungen wurden und sich verfestigt haben, haben ihre Ursache zweifellos in der Unwissenheit des Menschen und in seiner Begierde. Aus unserm Inneren erwachsen – nach einer klaren Aussage Jesu – alle nur möglichen Bosheiten. Und doch ist das Universum noch böser, als man gemeinhin annehmen möchte.

Die Hypothese einer übermenschlichen bösen Intelligenz, die mit aller Macht und List gegen Gottes Plan vorgeht, ist im Grunde das, was man vernünftigerweise annehmen kann, wenn man ein wenig in das Rätsel des Daseins eindringen will. Den Anbetern der Göttin Vernunft halten wir nicht ihre hohe Verehrung vor, die wir teilen, vielmehr stellen wir die Unwirksamkeit ihres Kultes fest. Es ist nicht so, daß sie die Vernunft zu sehr verehren, sondern daß sie sie zu wenig verehren. Ihre Suche nach Verständlichkeit der Dinge ist nicht freizügig und kühn genug. In der Absicht, alles vernunftmäßig erklären zu wollen, sind sie doch nicht bis ans Ende vernünftig. „Sie verfielen in ihrem Denken der Nichtigkeit", stellte schon der Apostel Paulus leicht ironisch fest (Röm 1,21).

Außer Zweifel ist das Wirkliche vernünftig; „quoad se" vernünftig, das heißt in sich selbst, oder, wenn man will, im Bezug zu Gott, dem Urheber von allem. Aber ist es auch „quoad nos" vernünftig? Ist das Postulat, unser Verstand sei von sich aus ganz allein der Vernünftigkeit allen Seins angemessen, wirklich jeden Zweifels enthoben? Das Postulat erweist sich als unerschütterlich nur für den, der meint, das Universum sei vom Menschen erdacht, gewollt und geschaffen. Was eine mehr kühne als vernünftig zu begründende Überzeugung ist.

In der von Gott geschaffenen Welt ist nun – das wissen wir von Gott selbst – auch Platz für den Teufel, für eine fehlgeleitete und abgeirrte Intelligenz, die sich aus freiem Willen gegen den göttlichen Plan auflehnt, Widerstand leistet und damit beschäftigt ist, den Menschen in entgegengesetzter Richtung zur Liebe des Vater zu verwandeln. Aus Treue zum Geschöpf, wie schon gesagt, zerstört Gott den Widersacher nicht, sondern leitet ihn so, daß er seiner Absicht, das Reich durch Kampf und Erlösung anstatt in Ruhe und Unschuld zu bauen, dient.

Der Teufel, der Anti-Gott sein will, äfft die Absichten des Vaters nach. Er sucht vor allem das göttliche Entgegenkommen und die göttliche Menschenfreundlichkeit nachzuahmen, so daß es ihm oft gelingt, unsere Herzen zu verführen und an sich zu binden.

Unter diesem Gesichtspunkt ist die Darstellung des Teufels, der wir in unserem Buch begegnen, eine der besten, wie sie die Theologie versteht: ein Männchen, *mehr breit als hoch, rundlich und geschmeidig wie eine Butterkugel, mit einem Gesicht wie ein rosiges Äpfelchen, einem Mündchen, das fortwährend lächelte, und einem feinen, einschmeichelnden Stimmchen, wie es eine Katze hat, die ihre Herrin umschmust.*

Der Teufel will scheinbar die göttliche Wirksamkeit nicht nur nachahmen, sondern sogar übertreffen. Gott ist immer tätig („Mein Vater ist immer am Werk", sagte Jesus), aber von ihm liest man, daß er wenigstens einmal geruht hat. Der „Feind" hingegen schläft nie und ist besessen von einer pausenlosen Aktivität.

Alle schlafen des Nachts,
ich aber schlafe nie.

Wenn er nur einen Augenblick der Verlockung zur Trägheit erliegen würde – einer schwachen, verkannten Tugend –, könnte er vielleicht nach und nach seinen Platz unter den Engeln wieder einnehmen.

Gott nachahmend, scheint er auch die freie Entscheidung des Geschöpfes zu achten. Er drängt sich nicht auf, sondern bietet sich an. Er zwingt nicht, sondern überredet: *Und du, mein Lieber, wand-*

te sich das Männchen einschmeichelnd an Pinocchio, was willst du?
Kommst du auch mit, oder bleibst du hier?
Die Verherrlichung der absoluten Freiheit des Menschen ist sogar
eine der modernsten Formen seines „Evangeliums" geworden. „Es
ist verboten, zu verbieten", wurde auf unsere Häuserwände nicht
ohne seinen Rat geschrieben und von allen Kandidaten des Esel-
Standes mit Bewunderung und Zustimmung gelesen.
Ähnlich wie Gott kann er in seinen Anhängern die Liebe zum Opfer, die Bußfertigkeit, sogar das Martyrium erwecken: *Sie waren so*
eng und unbequem untergebracht, daß sie kaum Luft holen konnten,
aber keiner sagte „Au!", und keiner beklagte sich.
Opfergesinnung, Hingabebereitschaft und heroische Gesten sind
nie die Kriterien, auf die es ankommt, wenn man die göttliche von
der teuflischen Inspiration zu unterscheiden sucht. Erforderlich ist
auch die Liebe, die „Form" aller Tugenden, und als notwendige
Quelle der Liebe, ja gleichsam als „Form" der wahren Liebe der
rechte Glaube: „Und wenn ich meine ganze Habe verschenkte, und
wenn ich meinen Leib dem Feuer übergäbe, hätte aber die Liebe
nicht, nützte es mir nichts" (1 Kor 13,3).

Unter allen vom Bösen beherrschten qualvollen Nächten, die in
diesem Buch beschrieben sind, ist die der Reise ins Land der Spielzeuge die ruhigste und deshalb die schrecklichste. Der Satan hat
die Oberhand gewonnen, kein Widerspuch erhebt sich mehr, die
Herzen sind überzeugt, die Geister haben sich ergeben. Alle schlafen den Schlaf, der dem der Gerechten am ähnlichsten ist, das heißt
den Schlaf der Ungerechten. Sie sind von dem Gefühl beruhigt,
das dem guten Glauben psychologisch am nächsten steht, das heißt
vom vollkommenen Unglauben. Gewöhnlich geht man so am Ende des Dramas ohne Erschütterung der Verdammnis entgegen. Die
raffinierteste Nachahmung des Teufels ist gerade der innere Frieden: *die Eselchen galoppierten, der Wagen rollte in voller Fahrt, die Jun-*
gen darin schliefen alle.
Auch das Land der Spielzeuge, in dem man unter der Führung des
Männchens ankommt, ist eine Art Paradies: das Plagiat setzt sich
fort: Die Jungen befinden sich im Grunde in einem wenn auch
oberflächlichen und vorübergehenden Glückszustand. Das Ver-

gnügen ist ja immer ein wahrer, an und für sich guter Anfang des Glücks. Aber es wird zur bitteren Karikatur, wenn es sich als einzige und vollständige Quelle der Freude anbieten will.

Die Freiheit des himmlischen Reiches, die jedes Herz unbewußt ersehnt, wird hier zur Bekräftigung der totalen Anarchie: Niemand befiehlt, und niemand gehorcht, jeder tut das, wonach ihm der Sinn steht, und kümmert sich nicht um die anderen.

Der Gesang des himmlischen Jerusalems wird hier zum Lärm. Der Lärm ist das deutlichste Kennzeichen des Bildes: *Lärm, Geschrei, ein Höllenlärm*. In der Tat erträgt der in die Nachfolge des Widersachers Abgewichene das bewußte Schweigen nicht, weil es sofort die innere Leere enthüllt und verkündet und den Sog des Nichts, auf das man zugeht.

Das Land der Spielzeuge ist eine zutreffende Darstellung der Welt, die sich von Gott entfernt hat; einer Menschheit „ohne Vernunft, ohne Beständigkeit, ohne Liebe, ohne Erbarmen", wie der Apostel sie nennt. In einer derartigen Welt ist die Verdammnis des Menschen noch nicht vollzogen, aber schon weitgehend vorbereitet.

Die Aufschriften, die Pinocchio an den Mauern jenes unbekümmerten Landes liest: *Wir wollen keine Sculen mehr. Nieder mit der Mattematig!* ähneln in ihrer klugen und konkreten Programmierung denen, die wir an unseren Häuserwänden lesen.

Collodis ganze Beschreibung scheint in vieler Hinsicht prophetisch und entspricht durchaus der Gesellschaft von heute, abgesehen davon, daß es im Lande der Spielzeuge vielleicht zivilisierter zugeht, weil dort die Esel-Kandidaten sich den ganzen Tag vergnügen und ihrer Laune folgen, aber wenigstens ihren Mitbürgern keine Gewalt antun.

Zweiunddreißigstes Kapitel

*Pinocchio wachsen Eselsohren, und dann wird er
ein richtiger Esel und fängt zu ralen an.*

Oder

Das Geheimnis der Verdammnis

Nach fünf Monaten des schönen Lebens wacht Pinocchio eines
Morgens mit *ein Paar prächtigen Eselsohren* auf. Ein freundliches
Murmeltierchen, das auf sein schrilles Schreien herbeieilt, stellt
rasch und genau die Diagnose: *Das ist das Eselsfieber ... In zwei oder
drei Stunden wirst du ein richtiges Eselchen sein.*
In seiner Verzweiflung stülpt sich der Hampelmann *eine große
Baumwollmütze* über den Kopf und geht seinen Freund Docht
suchen. Er trifft ihn zuhause an, *auch mit einer großen Baumwollmütze auf dem Kopf.*
Nach einem heftigen ironischen Wortwechsel entschließen sich
die beiden, die ungewöhnliche Kopfbedeckung gleichzeitig abzu-
nehmen. Als sie feststellen, daß sie *von der gleichen Krankheit befallen sind,* machen sie sich übereinander lustig und lachen so sehr,
bis sie umfallen. Sie fallen auf vier Füße und sind in einem Moment in zwei wunderschöne Esel verwandelt, die nur ein tiefes,
klangvolles Ralen hervorbringen.
In dem Augenblick ist hinter der Tür eine Stimme zu hören: *Macht
auf! Ich bin das Männchen, der Wagenführer, der euch in dieses Land
gebracht hat.*

In dieser Episode wird das Geheimnis der Verdammnis angedeutet.
Daß man ins Verderben gehen kann, ist eine Auffassung, die der
vernünftige Mensch seit jeher mühelos verstehen konnte. Auch
der einfachste und ungebildetste Mensch sieht ein, daß man von
wahrer Freiheit nicht sprechen kann, wenn es nicht auch die Möglichkeit der Verdammnis gibt. Frei ist derjenige, der Tag für Tag
sein Antlitz auf Endgültigkeit hin bildet und die eigene Persön-

lichkeit für die Ewigkeit aufbaut. Wo die Ewigkeit nicht ins Spiel kommt oder kein alternatives Schicksal gegeben ist, da wird das Dasein sinnlos und die Freiheit gleichsam eine Farce, bei der das gute Ende unweigerlich vorprogrammiert scheint.

Ein wahrhaft gigantisches Menschenbild ist das, das ihn in die Entscheidung zwischen Himmel und Hölle stellt und ihm die tatsächliche Fähigkeit zuerkennt, zwischen zwei Zielen zu wählen.

Der moderne Mensch, der so „prometheisch" sein will, daß er die angeborene Überzeugung von Gott zerstört, erträgt den Gedanken des Ewigen nicht mehr. Aber Prometheus wird dann zur Puppe, die sich nicht aufrechthalten kann, es sei denn an den Fäden eines Puppenspielers.

Das alles ist mit der natürlichen Vernunft zu erfassen.

Aber das, was sich keiner erwarten konnte und was für den menschlichen Verstand eine Überraschung darstellt, ist die naturgemäße Verwandlung, das heißt die Tatsache, daß der ganze Mensch mit allen seinen geheimsten Fasern sich nach und nach seiner getroffenen Wahl und seinem zurückgelegten Lebensweg entsprechend verwandelt, so daß der Weg der Verdammnis nicht so sehr als äußerer Ablauf, sondern als eine ontologische Erniedrigung zu verstehen ist. Es ist das Geheimnis des Vorgangs, daß der Mensch zum Tier wird. Das wurde bereits auf den vorhergehenden Seiten angedeutet und wird in diesem Kapitel voll entfaltet.

Das Geheimnis besteht darin: Pinocchio bleibt in gewisser Weise er selbst, wird aber ein wirklicher Esel. Im Mythos der Circe hatte die antike Welt dieses eigentümliche Motiv der kosmischen Symphonie erahnt, das heißt die eigene Natur zu wechseln unter gleichzeitiger Bewahrung der persönlichen Identität. Das ist ein Rätsel, das die Philosophie keineswegs zu lösen imstande ist. Oder es wird uns von der wirklichen Fabel des Lebens angeboten, einer Fabel, die eindeutig für uns, aber nicht von uns geschrieben wurde.

Wie das ewige Leben, so beginnt auch das Verderben hier unten. Die Verrohung erlaubt mehr oder weniger intensive Schattierungen, bis sie unumkehrbar wird. Selbst die Sündenerfahrung ist in dieser Hinsicht bedeutsam. Es ist allgemein nachgewiesen, daß die

ungeordnete Anhänglichkeit an die irdischen Güter immer un-
empfänglicher für die ewigen Werte macht, so daß man schließlich
völlig abstumpft.

Wer unmusikalisch ist, ist es gewöhnlich von Geburt an. Wer dem
religiösen Sinn abgeneigt ist, ist es auf Grund der gewollten fortschreitenden „Verrohung", weshalb der Geist immer mehr erlahmt
und in die Automatismen der psychologischen Abläufe verstrickt
wird. „Liebst du die Erde? Dann wirst du Erde werden", schrieb Au-
gustinus sehr klar.

Dazu ist zu sagen, daß das theologische Denken seit langem be-
griffen hat, daß die Verwandlung des Lebens in der Gnade – des
Beginns des Lebens in Herrlichkeit – nicht nur psychologischer
Natur ist, sondern auch das Innerste des Menschen berührt. Hingegen ist die Reflexion über die in entgegengesetzter Richtung ver-
laufende Verwandlung noch ungenügend.

Alles weist darauf hin, daß das Los des Sünders gerade darin besteht, daß in ihm der Geist zur Materie wird, bis dieser sich im Zustand der Verdammnis immer mehr und unumkehrbar von Gott
entfernt wiederfindet. So wird der Geist mit der materiellen Wirklichkeit gleichförmig, die im Hinblick auf die Ähnlichkeit die fern-
ste und unvollkommenste Teilhabe am göttlichen Sein ist.

Und wie der Gnadenzustand eine Sublimierung des Wesens mit
sich bringt, so beschränkt sich der gewohnheitsmäßige Sünden-
zustand nicht nur auf die bedauerliche Abwesenheit des göttlichen
Lebens, sondern impliziert auch eine Verwandlung „in pejus" der
Natur des Menschen, das heißt zum Schlechteren.

Glaub mir's, Murmeltierchen, Schuld hat ganz allein der Docht!

Weil die Sünde die Gemeinschaft mit Gott und mit Gottes Geschöpfen zerstört, führt sie gewöhnlich auch zum Verlust der Solidarität unter den Bösewichten. Während die erstmalige Sünde die
Sünder, die nie allein in Sünde fallen wollen, vereint und verbindet, trennt sie die Gewohnheitssünde und verurteilt sie zur Einsamkeit.

An Stelle der Einmütigkeit tritt die Beschuldigung und das An-
zeigen der anderen, und nicht selten verteidigt man sich auf diese
Weise. Adam entschuldigt sich: „Die Frau, die du mir beigesellt

hast, sie hat mir von dem Baum gegeben." Eva entschuldigt sich: „Die Schlange hat mich verführt ..." Pinocchio entschuldigt sich: *Schuld hat ganz allein der Docht.*

Und es geschah, daß Pinocchio und Docht nicht etwa von Schmerz und Scham ergriffen wurden, sondern in ein unbändiges Gelächter ausbrachen.
Angesichts des eigenen Unglücks und das des andern schützt der Sünder sich oft durch Gelächter. Es ist ein Schutz, der auch den Mangel an Vernunft, an Liebe und Barmherzigkeit anzeigt, einen Mangel, der die höllische Verzweiflung kennzeichnen wird, so wie er schon jetzt für die Welt bezeichnend ist, die Christus aus der Geschichte ausschließen möchte.

Dreiunddreißigstes Kapitel

*Zu einem richtigen Eselchen geworden, wird er
zum Verkauf gestellt und von einem Zirkusdirektor
gekauft, der ihn abrichten will, zu tanzen und
durch den Reif zu springen, aber eines Abends
lahmt er, und da kauft ihn wieder ein anderer, der
aus seinem Fell eine Trommel machen will.*

Oder

Noch mehr über das Geheimnis der Erniedrigung

Das Männchen bringt die zwei neuen Esel auf den Markt, wo Pinocchio von einem Zirkusdirektor gekauft wird, der ihn vermittels der überzeugenden Didaktik der Peitsche abzurichten beginnt.

Eine *Galavorstellung* drei Monate später bietet unserem Esel die Chance zu einem glänzenden Debüt in der Welt der Kunst. Aber mitten in der Vorstellung sieht er in einer Loge seine Fee als *schöne Dame* sitzen, die aber bald darauf verschwindet.
Infolge dieser Erschütterung gelingt es Pinocchio nicht, durch den Reifen zu springen, und er lahmt.
Er wird für zwanzig Groschen verkauft und von seinem neuen Herrn ins Meer geworfen, der ihn ertränken will, um aus seinem *Fell eine Trommel für die Dorfmusik zu machen.*

Pinocchio und Docht, die nunmehr die Eselsnatur angenommen haben, können ihre Gefühle und Gedanken nur durch lautes Ralen ausdrücken. Im Konzert der heute vorherrschenden Stimmen hätten sie keinen besonderen Eindruck erweckt. In der Wirklichkeit gilt die Lebensregel, der sich kaum ein Beteiligter entziehen kann, wonach der Mensch nicht so sehr unter Achtung der ursprünglichen Prinzipien und der objektiven Regeln der Vernunft, sondern viel mehr den konkreten Daseinsbedingungen entsprechend denkt, spricht, entscheidet und befiehlt.

Vielleicht ist es so zur Sprachenverwirrung, zu Babel, gekommen. Denn jeder Mensch hat seine eigene Verrohung, jeder hat seine eigene Philosophie und spricht seine besondere Sprache. Und so können wir einander nur schwer verstehen.

Aber einer versteht auch das Ralen und läßt nicht lange auf sich warten: das rosige und geschmeidige Männchen zeigt jetzt sein wahres Gesicht, indem es die Tür *mit einem heftigen Fußtritt* aufmacht und die jungen Esel mit einem grausamen Gelächter begrüßt: *Ich habe euch gleich an der Stimme erkannt.* Wie Christus, der gute Hirt, der seine Schafe kennt, kennt auch der „Feind", der eifrige Fälscher, die Seinen und verfolgt sie, damit das Verderben fortschreitet und endgültig wird.

Der Pferdezirkus, in dem Pinocchio landet, ist eine weitere Darstellung des großen Welttheaters, wo Tiere, Tänzerinnen, Dompteure mit der Peitsche, Akrobaten und applaudierende Zuschauer zusammentreffen. Das alles umrahmt von Flitterglanz und Streu.

Im Schritt! ... Im Trab! ... Im Galopp!
Die Befehle sind knapp und unbarmherzig. Das Streben nach grenzenloser und damit inhaltloser Freiheit endet in der Versklavung. Wer sich aus Widerwillen gegen die Weisheit oder aus der Begierde, je nach Laune zu leben, zum Esel macht, findet früher oder später seinen Peitschenmann.

Wer vor der Wahrheit geflohen ist, wird sich mit Ideologien indoktrinieren; wer sich gegen die Heilsordnung aufgelehnt hat, wird zur totalen Unterwerfung gezwungen; wer das tägliche Ringen um die Treue verweigert hat, wird genötigt, unter fremden Fahnen zu marschieren. Wer eine andere Freiheit sucht als die, die von dem einzigen Erlöser kommt, entgeht schwerlich dem Los zu glauben, zu gehorchen und zu kämpfen.

Pinocchio, gehorsam ... , heißt es zweimal im Text. Wenn man sich weigert, dem Vater zu gehorchen, gehorcht man am Ende dem Dompteur.

Aber wo bleibt die Fee in der Stunde der tiefsten Erniedrigung des Hampelmanns? Die Fee ist in Gestalt einer schönen, juwelengeschmückten Dame anwesend, die ihn traurig anblickt und schweigt.

Pinocchio sieht sie, während er seine beklatschten Eselsübungen macht, und schöpft Hoffnung. Wenn der Mensch erniedrigt und versklavt wird und alles verloren scheint, genügt die schweigende Anwesenheit der Kirche, um den Willen wiederzuerwecken, freie und vernünftige Menschen zu sein.
Die flüchtige Erscheinung der Fee vermag Pinocchio die menschliche Gabe der Tränen wiedergeben: *Er begann bitterlich zu weinen* wie Petrus, der Jesus zwischen den Soldaten erblickte, und aus diesem Weinen ist ersichtlich, daß es noch eine Umkehr aus dem Verderben geben wird.

Pinocchio wird als lahmender Esel von einem Käufer erworben, der aus ihm eine Trommel machen will. Wenn auch diese letzte Erniedrigung nicht vollzogen wird, werden wir auf sie hingewiesen, damit wir die ganze Parabel des Menschen kennenlernen, der sich dem Bösen ausliefert. Die Verrohung endet in der Erniedrigung zum Ding, dem tiefsten Punkt, den wir uns vorstellen können.
Man kann hier einen versteckten Hinweis auf das Höllenfeuer finden, das den Zustand der Verdammnis besiegelt. Wie den großen Theologen der Scholastik scheint uns das „Feuer", von dem die Quellen der Offenbarung sprechen, ein äußerliches, materielles Element offensichtlich unbekannter Natur zu sein, das ein ontologisch höherstehendes Lebewesen wie den Menschen irgendwie bindet und einzwängt.
So wird der ganze Ablauf der Verwandlung zur Verdammnis verständlich. Zuerst werden in ihr alle Tätigkeiten des Geistes abgestumpft; dann wird das geistige Prinzip des menschlichen „Gesamts", weil es das körperliche Prinzip nicht mehr inspiriert und beherrscht, geschwächt und unterjocht; und schließlich wird der ganze Mensch von der äußeren Materie eingekerkert und vereinnahmt.
Dem prometheischen Menschen, der zu sehr darauf bedacht war, das göttliche Feuer zu rauben, als an die Möglichkeit zu denken, daß er auch hineinfallen könnte, gefällt diese Hypothese über sein mögliches Ende nicht, und er akzeptiert sie deshalb nicht.
Sie gefällt uns auch nicht. Aber wissen wir denn so viel über die jenseitige Welt, daß wir die wenigen Nachrichten, die von dort zu uns gelangt sind, bestreiten dürften?

Vierunddreißigstes Kapitel

Im Meer wird Pinocchio von den Fischen
gefressen und wird dann wieder ein Hampelmann
wie früher; aber während er
wegschwimmt, um sich zu retten, verschlingt
ihn der schreckliche Haifisch.

Oder

Das Geheimnis der Wiedergeburt
durch die Taufe

Fünfzig Minuten lang blieb der arme Esel, der eine Trommel werden sollte, im Wasser. Aber wie groß war die Überraschung seines Besitzers, als dieser *das Seil hochzog, das er ihm an das eine Bein geknüpft hatte, und an der Wasseroberfläche statt eines toten Eselchens ein quicklebendiger Hampelmann erschien.* Ein Schwarm Fische, von der Fee herbeigerufen, hatte das Wunder gewirkt und die ganze Eselsubstanz aufgezehrt und Pinocchio in seinem normalen Zustand wiederhergestellt.

Um dem *zornigen Käufer* zu entkommen, der Meister Kirsches konkreten Plan wiederaufgreifen und Pinocchio *als trockenes Holz zum Feueranzünden* verkaufen wollte, sprang der Hampelmann ins Meer und schwamm weit hinaus.

Aber da kommt der *riesige Haifisch, den wir schon mehrmals in unserer Geschichte erwähnt haben,* und verschluckt Pinocchio, *gerade als eine türkisblaue Ziege liebevoll blökte,* um ihn gleichsam zu warnen und zu ermutigen.

Der Augenblick der tiefsten Erniedrigung, als Pinocchio sogar zum Ding zu werden droht, wird zum Augenblick der Wiedergeburt. Von da an beginnt die endgültige Phase der Erhöhung. Die entscheidende Wende geschieht durch das Eintauchen ins Meer. Pinocchio wird „von den Wassern gerettet" wie Mose und Jona.

Das Wasser, das der Beginn des Todes sein sollte, wird für ihn zum Beginn des Lebens. Im ganzen Buch erscheint diese Ambivalenz des Wassers, das, zunächst als drohende ausweglose Katastrophe gesehen, am Ende zum wirksamen Heilszeichen wird. Das gilt für das bewegte Meer, das Pinocchio an der Insel der Fee hat landen lassen, und das gilt für den fürchterlichen Haifisch, der ihm die Gegenwart des Vaters wiederschenkt. Das gilt auch für dieses Kapitel, wo der Hampelmann im Wasser sich selbst, das heißt seine eigene ursprüngliche Natur wiederfindet.

Diese anfangs ambivalente und am Ende heilsame Bedeutsamkeit des Wassers ist typisch für die christlich-jüdische Offenbarung und ein sehr wichtiges theologisches Thema.
Am Anfang der Schöpfung ist das Wasser Zeichen für das unfruchtbare Chaos und zugleich Ursprung, aus dem die Erde hervorgeht, die alle Lebenden beherbergen soll (Gen 1,9).
Es bedeutet Fluch und Strafe (Jer 51,55; Ez 26,19) und ist Werkzeug der teuflischen Mächte, die in den Fluten wohnen (Jjob 3,8).
Das „Rauschen des Meeres" ist für Jesus ein Zeichen für die Angst der Endzeit (Lk 21,25), und die Offenbarung beschreibt die neue, endgültig glückliche Welt als den Ort, wo „kein Meer mehr sein wird" (Offb 21,1). Aber das Wasser ist auch Zeichen des Segens und der Fruchtbarkeit. An seine Auffindung ist die Möglichkeit des Überlebens in der Wüste gebunden. Selbst Jahwe wird mit einer „Quelle lebendigen Wassers" verglichen (Jer 2,13).
Die beiden Episoden der Sündflut (wo das Wasser die Lebenden vernichtet, aber die Arche des Heils trägt) und des Durchzugs durch das Rote Meer (wo die Wellen die Todesursache für die Ägypter und der Grund der Befreiung für die Juden sind) stellen diesen Doppelsinn ins Licht und bereiten das Verständnis des Sakraments der Taufe vor. Im Taufritus wird man eines Geheimnisses des Lebens und des Todes teilhaftig: „Wir wurden mit ihm begraben durch die Taufe auf den Tod; und wie Christus durch die Herrlichkeit des Vaters von den Toten auferweckt wurde, so sollen auch wir als neue Menschen leben" (Röm 6,12). Die Taufe ist ein herausragendes kirchliches Ereignis. Es wird in der Kirche und von der Kirche gefeiert, die in diesem Sakrament ganz deutlich die mütterlichen Züge herauskehrt. Deshalb erscheint vor dem in die Fluten eingetauchten Pinocchio eine kleine türkisfarbene Ziege mit einem Fell

von einem so leuchtenden Türkisblau, daß es beinahe wie das Haar des schönen kleinen Mädchens aussah.

Dieses schöne Mädchen, die Fee, die alle Altersstufen und Erscheinungsformen annimmt, scheint uns in den dunkelsten Stunden allein zu lassen und ist doch immer gegenwärtig. Sie scheint immer unfähig zu handeln, antwortet immer zu spät auf die Hilferufe des Menschen, bietet uns nur ein unentschlossenes Blöken, und doch kommt am Ende das Heil von ihr.

Die letzte Verwandlung der Fee liefert uns andeutungsweise einen Schlüssel zur Lektüre der vielen Tiere, die in diesem Märchen vorkommen.

Zunächst ist klar zu unterscheiden zwischen den Tieren, die eine transzendente Bedeutung haben und ihre Natur vom theologischen Grundzug des Buches ableiten, und den Tieren, die keine andere Bedeutung haben, als daß sie vom Realismus der Erzählung erfordert werden.

Collodi selbst ebnet uns den Weg, indem er sorgfältig die einen von den anderen durch eine unterschiedliche Schreibweise trennt. Die Tiere der ersten Gruppe werden mit großem Anfangsbuchstaben geschrieben, hingegen die Tiere der zweiten Gruppe mit Kleinbuchstaben.

Über die zweite Gruppe ist wenig zu sagen, weil sie keine Botschaft enthalten. Wir können höchstens die Vielfalt von Collodis Tiergestalten herausstellen, die sich aber im allgemeinen auf die alltägliche Erfahrung der Bauern, Jäger und Fischer beschränkt.

Die erste Gruppe hingegen erfordert eine eingehendere Prüfung. Nimmt man das Männchen und die Fee als „Archetypen" oder Inspirationsprinzipien, ist leicht festzustellen, daß sich die Tiere „mit großen Anfangsbuchstaben" nacheinander verteilen, und jedes einzelne kann entweder als Erscheinungsbild des Archetypen oder als ihm zugeordnete selbständige Personifizierung verstanden werden.

So hat das Männchen sicher den *Fuchs* und den *Kater* an seiner Seite.

Der Hofstaat der Fee ist größer: angefangen bei der kleinen *Ziege* dieses Kapitels (die zweifellos eine „Erscheinung" der Fee ist) bis zu ihrer „äußeren" Dienerschaft wie dem *Falken* und dem *Pudel* (Kap. 16), den *Pickvögeln* (Kap. 18), der *Taube* (Kap. 23), der *Schnecke* (Kap. 29 und 36) und dem *Thunfisch* (Kap. 34 und 36).

Aber auch die *Grille* ist in den Kreis der Fee einzubeziehen (wie aus der Verbindung mit der türkisblauen Ziege zu erkennen ist), obwohl ihr Dienst anderer Art und „innerlicher" ist.

Die *Grille* tritt in einer Reihe von Tiergestalten auf, die in der Formenvielfalt ihre Ermahnungen im gleichen Ton wiederholen: die *weiße Amsel* (Kap. 12), der *Papagei* (Kap. 19), das *Glühwürmchen* (Kap. 21), der *Krebs* (Kap. 27), das *Murmeltierchen* (Kap. 32).

Zuletzt können wir auch eine Gruppe erkennen, an deren Spitze wir unserer Meinung nach den *grünen Fischer* nennen dürfen. Sie steht im Dienst weder von Gut noch von Böse und stellt deshalb die „unentschiedenen Kräfte" dar. Diese haben sich in unserem durch die Sünde zwar erschütterten, aber zur übernatürlichen Ordnung erhöhten Universum, das deshalb keineswegs „säkularisiert" und neutral ist, bisher noch keiner Seite endgültig angeschlossen. Diese Kräfte können den Menschen auf seinem gefahrvollen Weg zum Haus des Vaters in unterschiedlichen Situationen entweder behindern oder unterstützen.

Zu ihnen gehören: *der Rabe* und *der Kauz* (Kap. 16), die an die Wissenschaft dieser Welt und ihren geringen Nutzen für das Heil erinnern; *der Richter (von der Rasse der Gorilla)*, der ein sprechendes Bild der weltlichen Gerechtigkeit ist; *die Schlange*, das Symbol der natürlichen und übersinnlichen Kräfte, die dem Menschen, seiner Größe und seinem Elend nicht feindlich gegenüberstehen, aber noch keine Bewunderung und Barmherzigkeit empfinden.

Eine Ausnahme bildet in diesen Gruppen das Meeresungeheuer, der *Haifisch*, der zugleich Instrument der Verdammnis und des Heils und deshalb perfekt die Ambivalenz des Wassers widerspiegelt, von der die Rede war.

Fünfunddreißigstes Kapitel

Pinocchio entdeckt im Leib des Haifischs ...
wen nur? Lest dieses Kapitel, dann wißt ihr es.
Oder

Das Zeichen des Jona

Pinocchio, der in den Leib des Seeungeheurs gelangt war, trifft dort zu seiner großen Überraschung Geppetto. Das lange Umherirren ist beendet.
Nach der stürmischen Begrüßung berichten sie einander ihre Erlebnisse, und der Hampelmann überredet Geppetto zur Flucht. So sind sie wieder ins Meer eingetaucht, Geppetto auf dem Rücken von Pinocchio, der schwimmt wie ein Fisch.
Das Meer war ruhig wie Öl, der Mond schien ganz hell. Der Sturm ist vorbei, und endlich herrscht Frieden.

Viele werden den Kopf schütteln über diese Auslegung von Collodis Werk. Viele werden stichhaltigere Beweise als die von uns in diesem Buch gelieferten theologischen Überlegungen verlangen. Die Generation der Kritiker fordert ein Zeichen, aber außer dem des Jona wird kein anderes Zeichen gegeben werden.
Wie Jona wird auch Pinocchio in die Meerestiefe geworfen, von den Fluten umschlossen und vom Meeresungeheuer verschlungen, das unser Autor mit dem furchterregenden Namen des Haifischs bezeichnet, aber dann als riesigen friedlichen Walfisch schildert.
Wie Jona, so hat auch Pinocchio „aus dem Bauch des Fisches" gerufen, und der Vater hat seine Bitte erhört.
Wie Jona ist auch Pinocchio, von den Wassern begraben und ans Tageslicht in die Luft des Erdenlebens zurückgekehrt, zur Gestalt und Prophetie der Bestimmung von Tod und Auferstehung geworden, die uns vorbehalten ist. Eine Bestimmung, an der wir, indem wir dem gestorbenen und auferstandenen Christus gleichförmig werden, anfänglich im Geheimnis des Tauflebens und dann vollständig im Geheimnis des eschatologischen Lebens teilhaben.

Jona erlangt, gerade als er „aus der Nähe des Herrn verstoßen" und von der Tiefe der Unterwelt verschlungen zu sein scheint, den Geist des Gehorsams wieder und tritt wieder in Gemeinschaft mit Gott. Als alles verloren scheint, findet Pinocchio auf wunderbare Weise alles wieder, indem er den Vater wiederfindet, von dem er sich am Anfang seines Lebens als Hampelmann entfernt hatte.

Mit dem Vater erlangt er die Freude und die Sohnschaft wieder; er findet sich selbst wieder. In diesem Augenblick erkennt er, daß das freie Herumstreunen in den Feldern mit dem einzigen Ziel: *den Schmetterlingen nachlaufen und auf die Bäume klettern, um die kleinen Vögel aus den Nestern zu holen*, das ihm einst das höchste erstrebenswerteste Glück bedeutet hatte, niemals mit der Seligkeit, zu lieben und sich von einem Vater geliebt zu wissen, zu vergleichen ist. *Pinocchio wurde von so heftiger, unvermittelter Freude gepackt, daß er beinahe den Verstand verlor.*

Geppetto, den wir am Anfang der Erzählung in die Ereignisse des täglichen Lebens miteinbezogen sahen, immer bereit, mit Meister Kirsche, dem Vertreter der kurzsichtigen und phantasielosen Menschheit, zu streiten und sich wiederzuversöhnen, erscheint hier, nachdem er am Ende eines langen Irrweges wiedergefunden war, mit den Merkmalen der Ewigkeit ohne Leiden ausgestattet: *ein alter Mann, der so weiß wie Schnee oder wie Schlagsahne war.* So ähnlich heißt es in der Offenbarung, wo die göttlichen Züge und die Ewigkeit des auferstandenen Herrn beschrieben werden mit den Worten: „Sein Haupt und seine Haare waren weiß wie weiße Wolle, leuchtend weiß wie Schnee" (Offb 1,14).

Pinocchio, der den Vater wiedergefunden hat, wird auch zur unvergleichlichen Gemeinschaft mit ihm befähigt und trägt sogar dessen Last und Größe auf den zarten und zerbrechlichen Schultern *als knapp ein halber Meter großer Hampelmann.* So wie der Mensch, der Gott im Gnadenleben begegnet ist, zum „Theophóros" (Gottesträger) wird und die Verheißung Christi sich bewahrheiten wird: „Mein Vater wird ihn lieben, und wir werden zu ihm kommen und bei ihm wohnen" (Joh 14,23).

ZumVater heimgekehrt, hat unser Held die Reise durch das Reich der Verdammnis beendet und blickt wie Dante „wieder zu den Sternen empor": ... *deshalb konnte Pinocchio ... ein gutes Stück Sternenhimmel und hell glänzenden Mondenschein erkennen.*
Von diesem Augenblick an bis zum Ende wird er sich immer und in allem als Sohn verhalten. Jetzt fehlt nur noch eines: daß das Samenkorn des Lebens als Sohn aufspringt und sich in Fülle entfaltet, und daß sich die harte trockene Hampelmann-Natur in den lebendigen Leib eines *richtigen Jungen* verwandelt.

Sechsunddreißigstes Kapitel

Pinocchio hört endlich auf, ein Hampelmann
zu sein, und wird ein echter Junge.
Oder

Das Geheimnis der Eschatologie

Geppetto und Pinocchio erreichen das Ufer mit Hilfe des Thun-
fisches. *Ganz langsam wie die Ameisen* gehend, begegnen sie unterwegs dem Fuchs und dem Kater, die wirklich das geworden sind,
was sie zu sein vorgaben, um den Nächsten zu betrügen: *arme Kran-*
ke im tiefsten Elend.
Im Weitergehen kommen sie zu einer schönen Strohhütte mit einem Ziegeldach, wo sie die Sprechende Grille lebendig und energisch wie früher wiederfinden.
Nachdem Geppetto *auf ein schönes Strohlager gebettet* worden war,
macht sich Pinocchio auf Arbeitssuche und kann beim Gemüse-
gärtner Giangio helfen, Wasser aus dem Brunnen zu ziehen. Hier
sieht er seinen Freund Docht wieder, der Esel geblieben ist und im
Sterben liegt, und steht ihm in der letzten Stunde bei.
Fünf Monate hindurch arbeitet nun der Hampelmann tagsüber und
lernt am Abend, bis er eines Morgens *die Schnecke* trifft, *die als*
Dienstmädchen bei der Fee mit dem türkisblauen Haar war.
Er hört von ihr, daß die Fee krank und arm geworden ist und Hilfe
braucht. Pinocchio verschenkt seine ganzen Ersparnisse, vierzig
Groschen, und verspricht, fünf Stunden länger zu arbeiten, um
auch seine *gute Mutter* zu erhalten. In derselben Nacht erscheint
ihm *die Fee* im Traum; *sie war wunderschön, gab ihm lächelnd einen*
Kuß und sprach zu ihm.
Als er aufwacht, ist alles wie verwandelt: die vierzig Kupfergro-
schen sind *vierzig ganz neue Goldzechinen* geworden. Geppetto, *ge-*
sund, munter und gutgelaunt wie einst, hat sein früheres Schnitz-
handwerk wieder aufgenommen. Der Hampelmann ist endlich *ein*
hübscher Junge mit kastanienbraunem Haar, blauen Augen und einem
frohen und aufgeweckten Gesicht geworden.

Das letzte Kapitel ist angefüllt mit Ereignissen, die der Autor nicht sehr ausführlich beschreibt. Die Geschichte geht sozusagen ganz rasch zu Ende. Man hat fast den Eindruck, daß Collodi es kaum erwarten konnte, (zum zweiten Mal) das Wort „Ende" unter das Märchen zu setzen, das entgegen seinem Plan und seinem Willen an Bedeutung gewonnen und an Länge zugenommen hatte. Sein innerer Drang zu erzählen hatte immer mit seiner angeborenen und liebgewonnenen Trägheit zu kämpfen.

In den letzten Seiten des Buches treten die Hauptfiguren der Erzählung nacheinander wieder auf, nicht nur Pinocchio und Geppetto, das ist klar, sondern auch der Fuchs und der Kater, Docht, die Sprechende Grille, die Fee und sogar die phlegmatische, aber fürsorgliche Schnecke.

Der Fuchs und der Kater, unbelehrbare Bösewichte, erscheinen als bestrafte Sünder. Pinocchios Verhalten, der immer sehr großherzig war, besonders Bösewichten gegenüber, ist den beiden gegenüber unerklärlich hartherzig; es sei denn, man sieht darin ein weiteres Anzeichen der vorherrschenden katholischen Rechtgläubigkeit, die für die Verdammten nie Mitgefühl gezeigt hat. „Und ihm gegenüber war es höflich, grob zu sein", sagte Dante, nachdem er Bruder Alberigo eins ausgewischt hatte, mit einer unser zartes Gemüt irritierenden Logik.

Aber das Schicksal, das Docht ereilt, rührt den Hampelmann zu Tränen. Zu viele und tiefgehende, wenn auch deviante Erfahrungen hatten sie gemeinsam gemacht. Aber Pinocchios Tränen rühren Collodi nicht im geringsten. Docht hatte sich aus freien Stücken entschlossen, Esel zu werden, also mußte er auch als Esel sterben. Und deshalb werden wir gewarnt, daß der glückliche Ausgang der Geschichte keine Illusionen wecken darf. Pinocchio gelingt es, sich zu retten, aber die Gefahr der Verrohung bestand tatsächlich. Die endgültige Verdammnis ist wirklich die andere Seite des existentiellen Dilemmas, in dem sich der Mensch befindet.

Die Sprechende Grille taucht wieder auf, nicht mehr als flüchtiger Geist oder unter anderen Gestalten. Sie ist lebendig, lästig und

brummig wie am Anfang der Geschichte. Die volle Wiederher-
stellung ihres ursprünglichen Zustandes ist der Ziege mit dem türkisblauen Fell, das heißt der Fee, zu verdanken. Die mehr oder weniger überhörte oder erstickte Stimme des Gewissens erklingt im
Herzen des Menschen. Aber der Mensch soll nicht meinen, er könne das eigene Gewissen, sobald es mit den freien Entscheidungen
des Willens in Konflikt gerät, wachsam und unabhängig bewahren. Er muß dafür sorgen, daß die Klarheit und Kraft des Gewissens
vom Leben in der Gemeinschaft der Gläubigen gestützt und geschützt wird, das heißt von der bewußten inneren Teilhabe am Geheimnis der Kirche.

Die Fee ist in diesem Finale gegenwärtig, aber beinahe in der Haltung dessen, der im Hintergrund bleiben will, um der Abschieds-
zeremonie auszuweichen.
Sie macht sich in der Schnecke, ihrer treuen Dienerin, bemerkbar,
die noch einmal die innere Erneuerung des Hampelmanns auf die
Probe stellt, indem sie von ihm das Opfer seines ganzen mühsam
erworbenen Reichtums fordert. Sie erscheint unter der exotischen
Gestalt der türkisblauen Ziege, die dem zu oft verletzten und meist
von der Sprechenden Grille dargestellten Gewissen endlich eine
sichere Heimat bietet. Sie zeigt sich in ihrer ganzen Schönheit,
lächelnd und zärtlich, aber nur in der unwirklichen Helligkeit des
Traumes. Offen tritt sie nicht mehr in Erscheinung. Und doch ist
die wunderbare Verwandlung ihr Werk.
Die Kirche auf Erden ist das große und universale Heilssakrament.
Von ihr werden wir zum neuen und ewigen Leben wiedergeboren,
mit ihrer Hilfe öffnet sich uns das Reich der Freude, in das wir durch
die Auferstehung unwiderruflich eingehen werden. Aber in dem
Augenblick, wo das Ziel erreicht ist, entschwindet das schöne Mädchen mit dem türkisblauen Haar, oder, besser, es kehrt in das Geheimnis der vollen, offenen, unumkehrbaren Gemeinschaft mit
dem Vater zurück, von dem alles seinen Anfang genommen hat.

Wir können an dieser Stelle noch einmal Rückschau halten auf
den Weg, den Pinocchio zurückgelegt hat, um sich als Hampelmann, der angesichts des Guten keine wahre Freiheit auszuüben

vermag und Sklave eines Puppenspielers hätte werden sollen, in einen Sohn zu verwandeln. Es ist der Weg, auf dem der Mensch, der zu Anfang nur ein „frei sein müssendes Geschöpf" ist, schließlich ein freies Geschöpf wird.

Der erste Schritt ist der Gehorsam gegenüber dem Vater. Man darf nicht vergessen, daß der Gehorsam die höchste und schwerste Tugend ist, denn auch der Sohn Gottes hat ihn in seiner ganzen Schwere und Härte in den letzten Stunden seines Erdenlebens kennengelernt, als er „durch Leiden den Gehorsam gelernt" hat (Hebr 5,8). Wenn der Mensch in seinem Inneren beschließt, Gott zu gehorchen, begibt er sich auf den Weg der Freiheit, auch wenn es eine noch unvollkommene und verwundete Freiheit ist.

Der tatsächliche und gewohnheitsmäßige Gehorsam – das heißt die ständige feste Zustimmung des ganzen Menschen zum Willen des Vaters, was die Absage an jeden Akt der Auflehnung mit sich bringt, mit einem Wort die „metànoia", von der das Evangelium spricht – versetzt den früheren Hampelmann in den Zustand des Sohnes und damit in den Besitz einer wahren Freiheit angesichts des Bösen, das also nicht mehr schicksalhaft die Oberhand gewinnt. Diese Freiheit, auch wenn wir es nicht immer deutlich wahrnehmen, hat ihre Quelle nicht nur in den Kräften der geschaffenen Natur, sondern auch in der Vervollkommnung, die aus der Hilfe Gottes erwächst. Das ist das Gnadenleben, das schon in dieser Welt, aber in unvollkommener und verletzlicher Weise das Leben in Herrlichkeit vorwegnimmt. Und nun sind wir beim zweiten Punkt angelangt.

Der letzte Akt ist der totale und endgültige Übergang zur höheren Natur: die Vergöttlichung des Geistes, die schon im Gnadenleben begonnen hatte, wirkt sich auf die Vergeistigung der Materie aus. Der Mensch wird dem auferstandenen Herrn gleichförmig und entzieht sich dadurch für immer der Hinterlist des Bösen. Es ist das Leben in Herrlichkeit, das uns nach dem Tod erfaßt und uns in einen Zustand des Glücks und des Heilseins ohne Ende versetzt.

Wie komisch war ich doch als Hampelmann! Und wie froh bin ich jetzt, daß ich ein richtiger Junge bin!
Über diesen Satz, mit dem das Buch endet, wurde viel diskutiert. Einige meinten, er entspräche nicht der gewohnten Redeweise des

Hampelmanns. Aber dagegen ist zu halten, daß derjenige, der ihn ausspricht, kein Hampelmann mehr ist.

Ermenegildo Pistelli hat uns ein überraschendes Zeugnis Collodis überliefert, der ihm als Anwort auf eine kritische Bemerkung gesagt habe: „Ich erinnere mich nicht, diesen Schlußsatz geschrieben zu haben." Auf diese Nachricht hin wurde ein Eingriff des Herausgebers vermutet. Dennoch besteht auf Grund der direkten Prüfung des Manuskripts kein Zweifel. Der Satz stammt von Collodi, und wenn es doch eine Interpolation gibt, dann ist es nur das Adverb „jetzt", das absolut nichts ändert.

Weil man es nicht für glaubhaft halten kann, daß Pistelli, sein Vater, zum Spaß eine unnütze Lüge verbreiten wollte, muß man sagen, daß Collodi an jenem Tag scherzen wollte, wie es bei ihm nicht selten vorkam, oder noch wahrscheinlicher, daß er eine Diskussion, die ihm nicht gefiel, von Anfang an ausschalten wollte.

Vielleicht war auch er über diesen Satz verärgert, aber nicht über den Stil. Wir glauben, daß ihm gerade der „richtige Junge" mißfiel und der Ausgang der wunderbaren Geschichte enttäuschte. Aber er konnte nichts dagegen tun. Das Märchen hatte sich sozusagen von selbst entwickelt und beendet, und die Theologie, die es insgeheim inspirierte, hatte die Oberhand über die instinktive Vorliebe des Autors gewonnen.

Ihm fiel es nicht nur schwer, die Tugend zu üben, sondern auch sie zu beschreiben. Im Unterschied zu Dante hätte er das „Paradies"-Kapitel auf knappe zehn bis zwanzig Zeilen verkürzt. Deshalb endet das Buch hier mit einem Satz, der leicht verärgert klingt, aber im großen und ganzen der wahren Bedeutung des Buches angemessen ist.

Wie komisch war ich doch als Hampelmann! Wenn diese Worte neben Tadel und Abstand auch ein wenig Schmerz und Scham ausdrückten, würden sie genau die überirdische Läuterung andeuten, die uns erlauben wird, ohne die Überbleibsel einer sündhaften Vergangenheit in die ewige Glückseligkeit einzugehen.

Das ist in der Tat das wahre Wesen des Fegfeuers: das Betrachten der ganzen existentiellen Lauheit, die mehr oder weniger stark die Gedanken, Worte und Werke, alle vergeblichen, flüchtigen Tage des Erdenlebens und die ganze Zeit gekennzeichnet hat, die man verbrachte, um „dem Wind nachzujagen"; eine Betrachtung, die, indem sie uns vor Bedauern und Scham erröten läßt und die Wunden der Seele mit dem Balsam der göttlichen Weisheit und Barmherzigkeit heilt, uns unter Schmerzen von jedem Makel reinigt und uns zur vollkommenen Kohärenz unseres Daseins mit der Gotteskindschaft führt.

Und wie froh bin ich jetzt ... So phantasievoll und brillant unser Autor die Karriere des Sünders beschreibt, so unfähig scheint er zu sein, wenn er etwas über den Zustand der Vollkommenheit und Herrlichkeit aussagt. Es genügt ihm, uns auf die Freude als wesentliches Element und Merkmal des neuen Lebens hinzuweisen.

Die Schlußszene zeigt uns Geppetto, den großen Urheber, mit dem alles angefangen hat. Er ist *gesund, munter und gutgelaunt und war gerade dabei, einen wunderschönen Rahmen mit vielen Blättern, Blumen und allen möglichen Tierköpfen zu entwerfen.*
Pinocchio genießt diese Gemeinschaft mit dem Vater, die ihm nicht mehr genommen wird, mit einem Vater, der nicht müde wird, das Werk der Schöpfung und Erneuerung im Frieden des ewigen Lebens zu vollbringen.

Collodis Text wird dort zur durchsichtigen Hülle eines Geheimnisses, das alles Forschen und Erkennen übersteigt, wo er uns Pinocchio zeigt, der aus der Herrlichkeit des auferstandenen Lebens sein ehemaliges Ich erblickt, einen leblosen, stummen Leib: *einen großen Hampelmann, der an einem Stuhl lehnte; er hatte den Kopf auf die eine Seite gedreht, ließ die Arme schlaff herunterhängen und knickte die übereinandergeschlagenen Beine so sehr ein, daß man gar nicht verstand, wie er sich überhaupt noch aufrechthalten konnte.*
Der alte hölzerne Pinocchio, der keinen Lebensatem mehr hat, und der in einem neuen Dasein sich befindende Pinocchio aus Fleisch scheinen in diesem Rahmen zwei verschiedene und gleichzeitige Geschöpfe.
Sie sind hingegen ein einziges Geschöpf, in zwei verschiedenen Seinsweisen betrachtet. Man kann an und für sich und streng ge-

nommen weder von Aufeinanderfolge noch von Gleichzeitigkeit sprechen, denn wenn der hölzerne Pinocchio im Bereich des zeitlichen Zustands gesehen wird, lebt der auferstandene Pinocchio nunmehr in einer Dimension, die die Zeit übersteigt.

Die beiden Situationen scheinen sich hier zu überlagern und parallel gesetzt zu sein. Tatsächlich ist uns keine andere Darstellung möglich. Aber den Fakten nach ist das Zeitliche nicht am Ewigen zu messen, wohingegen das Ewige, weil es die Zeit übersteigt, es von allen Seiten einhüllt. So kommt es, daß Pinocchio in der Ewigkeit neben sich den hölzernen Pinocchio „sieht". Aber der hölzerne Pinocchio kann an seine ewige Wiedergeburt nur als an eine zukünftige Tatsache denken.

Zeit und Ewigkeit sind zwei Seiten des Seins. Ihre Beziehung zueinander ist für uns, die wir noch in der Zeit leben, unfaßbar. Der historische Jesus geht dem österlichen Christus voraus und bereitet ihn vor. Der historische Jesus ist der Grund für den österlichen Christus, der somit die Folge und in gewisser Weise abhängig ist, auch wenn sie nicht zwei Wesen, sondern zwei verschiedene Daseinsweisen sind. Aber der österliche Christus birgt den historischen Jesus in sich, weil in der Tat in demjenigen, der nunmehr auf Gottes Seite steht, jede in der Zeit gelebte Stunde der Vergangenheit gegenwärtig und lebendig ist.

Unser flüchtiges, zweifelhaftes, sündiges geschichtliches Dasein, das durch die Gnade erlöst und von den Sakramenten gestützt wird, geht dem voraus, was unser Dasein über den geschichtlichen Ablauf hinaus sein wird. Aber der Zustand in der Herrlichkeit birgt alle Stunden des zeitlichen Lebens in sich. Auch wenn es nicht korrekt ist, sich die Geschichte als mit der Ewigkeit „gleichzeitig" vorzustellen, kann die Ewigkeit in gewisser Weise als mit der Geschichte „gleichzeitig" bezeichnet werden.

Wie für Pinocchio, so gibt es auch für uns keine Lösung in Fortsetzung. Das Ende des Erdenlebens wird der Beginn des auferstandenen Lebens sein.

Solange wir in den Nebel der Zeit gehüllt sind, ist es unmöglich, diesen Punkt zu klären. Das „eschatologische" Problem, das heißt das Problem unseres endgültigen Schicksals, wird erst gelöst, wenn für uns die Eschatologie eine vollendete Tatsache sein wird.

Vielleicht ist das gerade auf der letzten Seite von *Pinocchios Abenteuer* am klarsten wiedergegeben. Wer weiß, ob Collodi sich der hohen theologischen Aussage bewußt war, mit der er dieses Geheimnis angedeutet hat! Aber wenn es ihm damals nicht gegeben war, zu verstehen, wie wahr und tief das Märchen, das aus seiner Feder stammt, und dessen Schlußsatz sind, dann wird er es jetzt sicher verstanden haben.

Nachwort

*zu diesem Werk und letzter Verteidigungsversuch,
während der freundliche Leser erneut um Nachsicht gebeten wird.*

*Es mag ein Vorurteil sein, aber ich glaube, daß die Lektüre langweiliger
Bücher gesundheitschädlich ist,* hat Collodi einmal geschrieben.
Ein wahres, aber auch beunruhigendes Wort für den, der soeben ein
Buch zu Ende geschrieben hat, das kein sehr großes Gewicht hat.
Der Gedanke, wider Willen jemandes Gesundheit gefährdet zu haben, beunruhigt mich. Wenn ich zum Trost daran denke, daß mich
diese Seiten, als sie geschrieben wurden, keineswegs gelangweilt
haben, sage ich die Wahrheit, aber ich bin mir nicht sicher, einen
hinreichenden Grund gefunden zu haben. Ein besseres Argument
ist vielleicht, daß ein erwachsener Leser sich jederzeit der Lange-
weile entziehen kann, indem er die Lektüre, wenn er will, abbricht
und sich mit etwas Besserem beschäftigt.
Aber bevor man dann mit zu augenscheinlicher Leichtigkeit an-
merkt, wie langweilig der vorliegende Kommentar im Vergleich zu
Collodis Werk ist, möge man barmherzigerweise zugeben, daß die
gewohnten theologischen Bücher im Vergleich dazu noch viel ein-
schläfernder sind.

Manch einer mag sich über den willkürlichen Anstrich dieses Kommentars beklagen, der einem wunderschönen Märchen für Kinder
eine Philosophie für Erwachsene aufdrängen will, die ihm höchst-
wahrscheinlich fremd ist; ein Märchen ist nur ein Märchen.
Aber dieses Prinzip, das von Meister Kirsche mit Begeisterung
unterstützt würde, kann den Seelenfrieden dessen nicht stören, der
glaubt, daß alles Wirkliche im Plan Gottes zusammengefaßt, ein-
geordnet und belebt wird, und daß folglich alle Darstellungen des
Wahren, Schönen und Guten unterschiedliche Ausblicke auf die
eine ewige Weisheit sind. Daß also ein Märchen, wenn es gut, schön
und „wahr" ist, immer mehr als ein Märchen ist.

Jede erhebende Offenbarung des Geistes ist ein Ausblick auf das Geheimnis des göttlichen Planes. Da ist der Mensch, der von einem Fenster zum andern geht, aber nie über das Fensterbrett, die Fensterstöcke, die Ritzen hinausblickt; aber da ist auch derjenige, der vom Fenster aus nach innen schauen möchte. Es gibt viele Fenster, und wir können frei auswählen, denn wie der Apostel Paulus gesagt hat: „Alles gehört uns, wir aber gehören Christus, und Christus gehört Gott."

Mir kommt die Wassermelone in den Sinn, die in meiner Kindheit in einem Wasserkübel frischgehalten wurde und das beliebteste von der Vorsehung geschenkte Mittel gegen die drückende Hitze und Schwüle des Sommers in Mailand war, den man auf den Balkonen unserer alten Häuser verbrachte. Um uns einen Gütebeweis für die Qualität und den Reifegrad zu liefern, machte der Verkäufer manchmal einen tiefen Einschnitt in die Melone. Jeder Punkt der Wassermelone war gut genug, wenn man nur tief genug eindrang. Wem es Spaß macht, die Haut zu ritzen, der erfaßt die ganze Oberfläche, ohne je auf den Grund zu kommen. Wer aber das Messer mutig hineinstößt, an welcher Stelle er auch anfangen mag, gelangt zum saftigen roten Fruchtfleisch.

Vielleicht besteht der Unterschied zwischen Kultur und Kontemplation in der Weise, eine Massermelone zu essen.

Manch einer mag diesen Kommentar auch als ungebührlichen Versuch betrachten, einen Freigeist wie Collodi hinter den Kirchenfahnen mitmarschieren läßt.

Wir möchten klarstellen, daß wir Collodi unbedingt an der von ihm gewählten Seite stehen lassen wollen. Einer, der keine Zweifel über die Menschwerdung des Wortes hegt, kommt gar nicht auf den Gedanken, daß von menschlicher Seite gewichtige, deutliche, höfliche Stimmen mit entsprechenden Bekräftigungen und Hilfen für die Offenbarung Gottes notwendig oder angemessen seien. Unsere Absicht war es, nur das Spiel des Vaters zu beschreiben, dem es gefällt, auch die unbeholfensten und auf den ersten Blick unangebrachten, weitschweifigen Worte mit seiner Botschaft zu beladen.

Collodi war auf seine Art gläubig. *Ich bin kein Ungläubiger, an Gott glaube ich. Keine Sorge, ich glaube an ihn, sagte er einmal zu seiner*

Mutter. Alle diese Männer unseres säkularisierten 19. Jahrhunderts hatten es mit einer frommen, tiefgläubigen Mutter zu tun, gleichsam als Bild der leidenden Seele Italiens, der sie Gewalt antaten, einer geliebten Mutter, die man hinsichtlich der Frage nach der Religion beruhigen mußte.

Aber wenn er Atheist gewesen wäre, hätte uns das Spiel noch besser gefallen, weil Gottes Humor noch sprühender erschienen wäre.

Auch wenn wir uns nicht zu rechtfertigen brauchen, schulden wir Collodi aufrichtigen Dank für die Geschichte seines Hampelmanns und für alle Gedanken, zu denen sie uns anregen konnte.

Den Leser hingegen möchten wir um Nachsicht bitten, sollte er etwas Unangenehmes oder Unangemessenes gefunden haben, während er uns die Ehre gab, diese Seiten zu Ende zu lesen. Dieses Büchlein will nur ein Samenkorn sein, das wir kurz vor Winteranfang in die Erde senken, ohne die Gewißheit, daß es keimen wird; ein Samenkörnchen der Freiheit und Hoffnung.

Postilla über

Der Fall Pinocchio und
sein Autor

Die Wahrheit weitab von Ideologien

1. Wie der „Fall" entstanden ist

Ein literarischer „Fall"

Pinocchio ist ein „Fall" in der Geschichte der Weltliteratur. Wir
könnten sogar von einem „Rätsel" sprechen. Der Fall ergibt sich aus dem zumindest scheinbaren Mißverhältnis
zwischen der äußeren Bescheidenheit des Werkes und seinem bei-
spiellosen Erfolg, der nicht nachläßt.
Es handelt sich um eine „wunderliche" Geschichte (um ein Urteil
von Benedetto Croce zu zitieren), die für die kleinen Leser der „Zeitung für die Kinder" bestimmt war, ohne einen festen Plan, unwil-
lig vorangetrieben, in unregelmäßigen Fortsetzungen veröffentlicht, zweimal unterbrochen (und das erste Mal in der Überzeugung,
die Geschichte endgültig beendet zu haben). Aber aus eigener
Kraft, ohne Werbemanipulationen oder Hexereien von geheimen
Verführern, gelang es ihr, die Aufmerksamkeit aller auf sich zu len-
ken, so daß sie in fast alle Sprachen übersetzt wurde und eine endlose Reihe gelehrter Studien und spitzfindiger Auslegungen her-
vorrief.
Man kann zu Recht behaupten, daß kein zweites in Italien seit der
nationalen Einigung bis heute erschienenes Buch einen so großen
Widerhall in der Welt gefunden hat.
Zweifellos hat man es mit einem „Sonderfall" zu tun. Er ist aber
nicht durch Collodis unleugbar faszinierende Sprache und über-
schäumende Phantasie zu erklären. Lorenzinis Ruhm hätte kaum
auf Grund anderer Schriften – wenn nicht durch Pinocchio – die
Grenzen der Toskana wie die zeitgenössische Beschränktheit überschritten.

Und gerade der „Fall" regt dazu an, nach einer zufriedenstellenden Erklärung zu suchen und erfordert es, jene unter Collodis trockener und ironischer Prosa verborgenen Qualitäten zu entdecken, die den Welterfolg der Erzählung rechtfertigen und ihr Geheimnis vor unseren Augen enthüllen.

Das Buch will „ergründet" werden

Pinocchio ist ein Buch, das „ergründet", das heißt über seine heitere und bewundernswerte Oberfläche hinaus verstanden werden will. Deshalb ist es nicht zu verwunderlich, daß die Kritik an Collodis Werk im Laufe der Zeit überaus viele unterschiedliche, auch geniale und ausgefallene „Ergründungen" hervorgerufen hat.

Allerdings wird jede „Ergründung" – das heißt jedes Forschen nach einer mehr als buchstäblichen Bedeutung oder nach einer bei der ersten Prüfung nicht erkennbaren tiefen Weisheit oder nach einer unter der verwickelten Erzählung verborgenen Schönheit – unweigerlich der Willkür und mißbräuchlichen Zusammensetzung beschuldigt. Von jeder Interpretation kann gesagt werden, daß das, was man durch diese Analyse in dem Buch habe finden wollen, nicht das sei, was Collodi hineingelegt hat.

Wenn man anderseits beim sogenannten „Pinocchio von Collodi" stehen bleibt, das heißt bei dem Text, wie er sich beim erstmaligen Lesen anbietet, bleibt das Rätsel seiner weltweiten Popularität eigentlich ungelöst.

Ich glaube, man sollte in der Weise vorgehen, daß man genau unterscheidet zwischen dem, was Collodi tun wollte, und dem, was er in Wirklichkeit getan hat, weil ich davon überzeugt bin:

– daß der bewußte Intellekt des Autors zweifellos der natürliche und nicht zu vernachlässigende Antrieb zum Verständnis des Werkes ist;

– daß die zufälligen Absichten und die ursprüngliche Konzeption eines großen Dichters nie den Gehalt der Dichtung voll ausschöpfen. Wir wollen ja gerade das Verhältnis und den Unterschied zwischen Collodis subjektiven Absichten und der objektiven Bedeutung seiner Erzählung erforschen.

2. Was Collodi schaffen wollte

Wer war Collodi?

Carlo Lorenzini (so hieß er) wurde 1826 in Florenz als Sohn einer einfachen, aber nicht notleidenden Familie geboren. Sein Vater war Koch bei einer Adelsfamilie. Seine Mutter, eine diplomierte Lehrerin, machte Näharbeiten, um zum Unterhalt der vielköpfigen Familie beizutragen.

Mit der tiefreligiösen Mutter, die bis zu ihrem Tod mit dem Sohn, einem verstockten Junggesellen, lebte, blieb Carlo immer eng verbunden, so daß er ihr zuliebe nachgab und sonntags in die Messe ging, und sei es in die letzte Messe um zwölf Uhr mittags.

Von 1837 bis 1842 (also bis zum 17. Lebensjahr) war er Alumne des Konvikts und Priesterseminars von Colle Val d'Elsa. Er besuchte auch bei den Piaristenpatres Rhetorik- und Philosophiekurse, kam aber nicht bis zum Universitätsstudium.

Schon von Jugend an verkehrte er in Literaten- und Theaterkreisen und war dann selbst Komödienschreiber, Journalist und Publizist.

Die neuen Ideen der Demokratie, Einheit und Freiheit nach Mazzinis Vorbild verleiteten ihn 1848 dazu, sich freiwillig zum toskanischen Heer zu melden und in den Schlachten von Curtatone und Montanara mitzukämpfen.

Nach Kriegsende ging er in den Staatsdienst der provisorischen Regierung der Toskana. Seine politischen Einstellungen hinderten ihn aber nicht daran, seinen Dienst auch unter der wiederhergestellten Regierung des Großherzogs beizubehalten.

Im Jahr 1859 meldete er sich freiwillig beim Reiterregiment von Novara und nahm am zweiten Unabhängigkeitskrieg in der Uniform des Königreichs Sardinien teil.

Er blieb auch im Königreich Italien Staatsbeamter bis zu seiner Versetzung in den Ruhestand, um die er am 2. Juni 1881 ausdrücklich gebeten hatte, gerade in den Tagen, als er sein bekanntestes Werk schrieb.

Die ideologische Krise

Aus den verschiedenen Berichten und Indizien können wir wahrscheinlich die innere Entwicklung Lorenzinis folgendermaßen nachzeichnen.

Hochintelligent und unvoreingenommen, soeben der Bevormundung durch die Priester entschlüpft, schloß er sich den Gegnern des Ancien Régime an. Daraus ergab sich seine persönliche Beteiligung an den beiden Kriegen, von der er übigens kaum etwas verlauten ließ.

Wenn er auch zu den Republikanern tendierte, blieb er doch Realist genug, die erfolgreiche Richtung der savoyischen Monarchie in Bezug auf die nationale Einigung und Unabhängigkeit zu akzeptieren.

Aber nach der Einigung wird unter der beißenden Ironie seiner sozialkritischen Schriften eine gewisse Enttäuschung über den Ausgang der italienischen Revolution sichtbar. Obwohl er seine Jugendideale nie widerrufen hat, ist beinahe ein Anflug von Nostalgie nach der ruhigen, aufrechten, großherzoglichen Welt der Handwerker und Bauern zu spüren, die den Hintergrund für Pinocchios Abenteuer bilden.

Von einem gewissen Zeitpunkt an zeigte sich Collodi sogar skeptisch in Bezug auf das große aufklärerische Dogma der Massenbildung, das damals den Anstoß zum sog. „Coppino-Gesetz" über die Einführung der Pflichtschule gegeben hatte:

„Was meint ihr, was sich der zerlumpte und hungernde Proletarier, der seiner Familie keine andere Nahrung als ein paar Krautabfälle bringen kann, aus eurer Bildung und euren Büchern macht? Das einzige für ihn geeignete Buch wäre vielleicht Bellarminos Katechismus, weil er nur zwei Groschen kostet und glauben macht, daß das Leiden in dieser Welt ein Kapital ist, dessen Früchte in der jenseitigen Welt geerntet werden.

Denken wir mehr an den Magen, und dann werden wir sehen, ob nicht das Bewußtsein der Menschenwürde besser durch Brot ins Blut als durch Bildung ins Hirn gelangt."

Das sind Zeilen, die die Bitterkeit dessen enthüllen, der nicht mehr an die Mythen glaubt, die ihn einst begeistert hatten. Zugleich zeigen sie eine zornige Liebe für den Menschen und gewiß ein deutliches soziales Gespür, ohne daß man daraus irgendeinen Hang zum Sozialismus seinerseits ableiten dürfte. Ja, die von ihm herausgegebene Zeitung „Il Lampione" (Die Laterne) verspottet sogar mehrmals die kommunitären und egalitären Utopien, die vor allem durch die Lehren von Proudhon bekannt geworden waren.

Er geht so weit, daß er das Resultat der „aufklärerischen Revolution" wie folgt beschreibt:

„Durch den Furor der Aufklärung ist die Religion verschwunden, der Aberglaube und die Scheinheiligkeit sind aber geblieben, und die Bildung hinkt langsam voran, hingegen sind die Anmaßung und Angeberei mit Vollgas ganz vorne dran."

Die „Bekehrung" zur Kinderliteratur

Ebendieser Collodi, erfolgreicher Publizist und bekannter Schriftsteller, aber später allen Ideologien gegenüber skeptisch und enttäuscht, wendet sich der Jugendliteratur zu, um dort gleichsam eine weniger ägerliche Thematik und ein weniger konditioniertes Publikum anzusprechen.

Diesen entscheidenden Schritt tut er im Alter von 54 Jahren mit der Übersetzung von Perraults „Feen-Märchen" aus dem Französischen.

Die Geburt von „Pinocchio"

Wie kam Collodi zu dem Entschluß, „Pinocchio" zu schreiben? Es hieß, er habe dringend Spielschulden begleichen müssen, aber das sind wenig begründete Vermutungen.

Feststeht, daß Collodi vom Redakteur Guido Biagi zur Mitarbeit an der „Zeitung für die Kinder", deren Herausgeber Ferdinando Martini war, aufgefordert wurde. Dem ersten Manuskript des Anfangs seines berühmten Buches legte er folgendes Begleitkärtchen bei:

„Ich sende Dir diese Kinderei, mach damit, was Du willst. Aber wenn Du sie abdruckst, bezahle sie mir gut, damit ich Lust bekomme, sie forzusetzen."

Auch unter Berücksichtung von Lorenzinis Fähigkeit zur Selbstironie scheint es nicht gerade die geistige Verfassung dessen zu sein, der meint, er habe der Menschheit etwas zu sagen und wolle ein Meisterwerk schaffen.
So erschienen in der ersten Nummer der „Kinderzeitung" am 7. Juli 1881 die beiden ersten Kapitel der Erzählung. Unter die Fortsetzung vom 27. Oktober (jetzt 13. und 15. Kapitel) setzt Collodi das Wort „Ende". Pinocchio war an der großen Eiche aufgehängt und hätte seinem Autor nach nicht mehr weiterleben sollen. Aber dieser läßt sich überreden und schreibt vom 16. Februar des nachfolgenden Jahres an gelegentlich weiter bis zur Fortsetzung vom 1. Juni (jetzt 29. Kapitel). Nach einer weiteren Unterbrechung von fünf Monaten (23. November 1882 bis 25. Januar 1883) gelingt es ihm, die letzten sieben Kapitel zu schreiben und seine Arbeit zu beenden.

Was Collodi vorhatte

Collodi wollte mit *Pinocchio* eine Geschichte schreiben, die die Kinder nicht langweilen und ihnen möglichst gefallen sollte. Das war seiner Meinung nach die erste Pflicht eines Schriftstellers:

„Ich nenne solche Bücher schön, die mir gefallen, und wenn sie mir nicht nur gefallen, sondern mich auch bilden wollen, drücke ich ein Auge zu und lese weiter. Hingegen nenne ich solche Bücher häßlich, die mich langweilen ... Es mag ein Vorurteil sein, aber ich glaube, daß die Lektüre langweiliger Bücher gesundheitsschädlich ist."

Gewiß wollte er keine fade Geschichte ohne jeden Sinn schreiben.
Die grundlegende Ernsthaftigkeit, die von allen seinen Schriften
ausgeht, auch von den kecksten, sein Schmerz und verhaltener
Zorn angesichts des täglichen Lebenskampfes hielten ihn davon
ab, ein Buch ohne Bedeutung und Gehalt zu schreiben. Er wollte
deshalb eine Geschichte schreiben, die Herz und Sinn der Kinder
berührt, sie dort einholt, wo sie tatsächlich in ihrer geistigen Vor-
stellungswelt sind. Und wenn das Märchen ihnen noch zu einer
guten Entwicklung und zum Eintritt ins Leben verhelfen würde,
um so besser.

Hier kommt Collodis Genialität ins Spiel, der die Kinder zu pack-
en, zu verstehen und ohne ideologische Zwänge und Manipulationen
lyrisch darzustellen wußte, so wie sie in Wirklichkeit waren.

Die Kinder, mit denen er in Gedankenverbindung treten wollte,
waren weder konservativ noch progressiv, weder klerikal noch antiklerikal, weder monarchistisch noch Mazzini-Anhänger, weder liberal noch sozialistisch. Sie waren bisher von keiner Ideologie vereinnahmt worden. Aber sie waren auch keine Hohlköpfe. Sie
hatten eine Werteskala und ein Weltbild.

Und Collodi, der von sich aus allen Ideologien gegenüber skeptisch geworden war, gelingt es in diesem Buch (wie in keinem anderen), mit ihnen und ihrer reichen inneren Wahrheit Verbindung
aufzunehmen. Seine einzigartige Pädagogik zeigt sich gerade in dieser besonderen Fähigkeit, ohne feste Planung und Programmierung
das uralte Erbe von Sicherheiten zu erschließen, dessen unbewuß-
te Träger Italiens Jugend war.

3. Was Collodi geschaffen hat

Pinocchios Grundwahrheiten

Was hat Collodi in seinem bekanntesten Werk über seine bewußten und erklärten Absichten hinaus wirklich zum Ausdruck gebracht?

Er hat keine der geläufigen Ideologien verbreitet, die ja seinen Le-
sern unbekannt und übrigens auch in seinem Inneren nicht mehr

allgemein gültig waren. Und es wird immer eine Veruntreuung sein, Pinocchio in irgendeiner Richtung und irgendeiner Färbung ideologisch deuten zu wollen, wie es tatsächlich geschehen ist: sei es moralistisch konservativ, aufklärerisch liberal, mit dem Pauperismus, dem Marxismus oder durch die Psychoanalyse usw. Nicht die Ideologien, sondern die wesentliche universale und ewige Wahrheit ist in diesem wunderbaren Märchen enthalten. Sie wird phantasievoll und mit frischer Poesie angeboten und hat zum raschen Aufstieg und anhaltenden Erfolg dieses Werkes geführt. Aber damit unsere Behauptungen nicht in die Leere gehen, fragt man sich: Welche Wahrheiten treten in der Geschichte des Hampelmanns besonders hervor? – Sieben Wahrheiten sind es, die das ganze Märchen tragen und erhellen.

a) Das Geheimnis eines Schöpfers, der Vater sein will
Pinocchio, ein hölzernes Geschöpf, hervorgegangen aus den Händen eines Anderen, wird wie eine Sache hergestellt, aber sein Schöpfer nennt ihn sofort Sohn. Hier gibt es das Geheimnis eines Andersseins, das von einer seltsamen, freigeschenkten, unvorhersehbaren Liebe überwunden wird.
Der Hampelmann, der zu seiner Überraschung berufen wird, Sohn zu sein, läuft von seinem Vater fort. Und gerade die Flucht vor dem Vater wird als Ursache aller Übel betrachtet, während die Heimkehr zum Vater der Wunschtraum ist, der Pinocchio über all seine Mißhelligkeiten hinwegträgt; mit ihr findet sein Abenteuer schließlich ein glückliches Ende.

b) Das Geheimnis des inneren Bösen
In diesem Buch ist das Böse ganz deutlich zu spüren. Und das Böse wird in erster Linie in unserem Herzen entdeckt. Es ist kein reiner Mangel an Erkenntnis wie in der sokratischen Aufklärung. Es wird nicht insgesamt erklärt mit den verderblichen oder unzureichenden Strukturen, mit der Polemik der bürgerlich-liberalen Ideologie gegen das Ancien Régime oder mit der Polemik der marxistischen Ideologie gegen die bürgerlich-liberale Gesellschaft. „Denn von innen, aus dem Herzen der Menschen, kommen die bösen Gedanken" (Mk 7,21).

Pinocchio weiß, was gut für ihn ist, aber er entscheidet sich immer für das schlechtere (siehe 9. Kapitel: zur Schule oder zum Puppentheater? Kap. 12 und 18: nachhause oder zum Wunderfeld mit dem Fuchs und dem Kater? Kap. 27: zur Schule oder an den Strand, um den Haifisch zu sehen? 30. Kapitel: zur Fee oder ins Spielzeugland?) Die Erzählung dieser Niederlagen gründet eindeutig auf der Überzeugung der „gefallenen Natur", der „verwundeten Freiheit", der Unfähigkeit des Menschen, der Gerechtigkeit entsprechend zu handeln, was in dem bekannten Satz zum Ausdruck kommt: „Denn ich tue nicht das Gute, das ich will, sondern das Böse, das ich nicht will" (Röm 7,19).

c) Das Geheimnis des Bösen außerhalb vom Menschen
Unser Drama wird erschwert durch die Tatsache, daß außerhalb von uns die Mächte des Bösen am Werk sind. Sie sind nicht als unpersönliche allgemeine Mächte, gleichsam als Objektivierungen unserer bösen Neigungen, sondern als gerissene und intelligente Wesen zu verstehen, die in unerklärlicher und wirksamer Weise unser Heil zu vereiteln suchen.
In unserem Märchen werden diese bösen Mächte lebendig in den Gestalten des Katers und des Fuchses dargestellt und erreichen den Höhepunkt der künstlerischen Ausdruckskraft und der spekulativen Klarheit in dem Männchen, dem honigsüßen Verführer, scheinbar freundlich, aber böse in der furchtbaren Wirklichkeit, einzigartig beschrieben als unser schlafloser Feind: „Alle schlafen nachts, ich aber schlafe nie" (31. Kapitel).

d) Das Geheimnis der Heilsvermittlung
Die aufklärerische Ideologie hatte in der Welt die stolze Behauptung von der Selbsterlösung des Menschen verbreitet: Der Mensch könne und müsse sich selbst ohne Hilfe von oben erlösen. Der ganze zweite Teil des Buches (vom 16. Kapitel an usf., das man fast als „Neues Testament" dieser Art von Bibel betrachten könnte) ist so aufgebaut, daß er diese in unserer Kultur herrschende Illusion widerlegt. Pinocchio, im Inneren schwach und verletzt, außen von bösen Intellekten bedroht, die listiger sind als er, kann das Heil auf keinen Fall erlangen, wenn nicht Hilfe von oben kommt. Ihr gelingt es schließlich, das Wunder zu vollbringen und

ihn mit dem Vater zu versöhnen, ihn nach Hause zu führen und ihm ein neues Leben zu schenken.

Die einzigartige Gestalt der Fee mit türkisblauem Haar ist eben dazu bestimmt, das vorhandene Heil anzuzeigen, das von oben geschenkt wird, und die Tragödie des sich auflehnenden Geschöpfes zum guten Ende zu führen.

e) Das Geheimnis des Vaters, von dem allein die Freiheit kommt
Einen hölzernen Hampelmann zur Hauptfigur eines Märchens zu machen, bedeutet auch eine Verschlüsselung. Es ist das Bild des Menschen, der von allen Seiten bedrängt wird, der Sklave von gewalttätigen Unterdrückern und geheimen Verführern ist, der an unsichtbaren Fäden hängt, die seine Entscheidungen bestimmen und seine Freiheit zu einer Illusion machen.

Der jeweilige Puppenspieler kann zwar durch die eine oder andere Revolution vernichtet werden, aber solange der Mensch eine einzelne Marionette bleibt, wird jeder getilgte Puppenspieler unweigerlich einen Nachfolger haben.

Pinocchio kann nicht Gefangener des Marionettentheaters des Feuerschluckers bleiben, denn im Unterschied zu seinen hölzernen Brüdern erkennt und verkündet er, daß er einen Vater hat. Der Sinn für den Vater ist deshalb die einzige mögliche Quelle, aus der die Befreiung von den vielfachen, vielfarbigen und im wesentlichen identischen Tyranneien erwachsen kann, die den Menschen unterdrücken.

f) Das Geheimnis der Verwandlung
Pinocchio gelingt es, seine vollkommene innere Freiheit zu erlangen und alle seine Pläne zu verwirklichen, als er sich übertrifft und eine höhere Natur als seine bisherige annehmen kann, die gleiche Natur des Vaters. Es ist auf menschlicher Ebene die Verwirklichung der Berufung zur Kindschaft, mit der die ganze Geschichte angefangen hatte.

Wir können nur dann wir selbst sein, wenn wir mehr als wir selbst sind durch eine geheimnisvolle Teilhabe an einem vollkommeneren Leben. Der Mensch, der nur Mensch sein will, wird weniger als ein Mensch.

g) Das Geheimnis des zweifach möglichen Schicksals
Die Geschichte des Menschen, so wie sie in diesem Buch verstanden und erzählt wird, nimmt nicht unbedingt ein gutes Ende. Es gibt zwei Möglichkeiten: Während sich Pinocchio durch die Mittlerschaft der Fee in der Verwandlung erhöht, die ihn dem Vater gleichgestaltet, verroht Docht, der von keiner Heilsmacht erreicht wird, unwiderruflich. Unser Leben nimmt den einen oder den anderen entgegengesetzten Ausgang: Entweder es endet in einem Heil, das unser Denkvermögen und unsere Erwartungen weit übersteigt, oder es endet in der Verdammnis.

Christliche Wahrheiten

Sieben Überzeugungen werden, wie wir gesehen haben, in diesem Buch bekräftigt und verkündet, und das kann meines Erachtens vernünftigerweise nicht bezweifelt werden.
Es besteht auch kein Zweifel, daß es sieben Grundwahrheiten des christlichen Weltbildes sind, und zwar:
a) unsere Herkunft von einem Schöpfer und unsere Berufung, seine Söhne und Töchter zu werden;
b) die Erbsünde und unser schwacher Wille, der von sich aus dem Bösen nicht widerstehen kann;
c) der Teufel, der als intelligentes und böses Geschöpf auf unser Verderben hinarbeitet;
d) die Heilsvermittlung Christi als einzig mögliche Rettung;
e) der Sinn für Gott als Grundlage der Menschenwürde und unserer Freiheit angesichts jeglicher Unterdrückung;
f) das Geschenk des Gnadenlebens, das uns der göttlichen Natur teilhaftig macht;
g) die beiden unterschiedlichen ewigen Bestimmungen, zwischen denen wir wählen müssen.

Collodi, der die Ideologien satt hat, wendet sich an Italiens Kinder. Mit dem glücklichen Gespür des Künstlers entdeckt er in den Herzen dieser Ansprechpartner die gleiche Sicht der Wirklichkeit, die alle Bewohner der Halbinsel verbunden hatte, bevor die politische Einigung sie innerlich spaltete und zwischen ihnen die gegensätzlichen Schranken der Ideologien errichtete.

Die italienischen Kinder und Jugendlichen von 1881 mochten gewiß Väter und Onkel haben, die klerikal oder antiklerikal waren, Katholiken, die verbissen kämpften oder für die Aussöhnung von Staat und Kirche eintraten, Anhänger der Savoyer oder Republikaner, Liberale oder Sozialisten waren. Aber diese Gegensätze berührten sie nicht im geringsten. Italiens Kinder und Jugendliche von 1881 besaßen als einzigen Schlüssel zum Verständnis der Wirklichkeit die Auffassung, die sie aus den Gebeten ihrer Mütter und Großmütter entnehmen konnten, aus den Fresken und Fenstern ihrer Kirchen, aus den Predigten ihres Pfarrers, aus dem Erstkommunion-Unterricht und aus den volkstümlichen Ausdrucksweisen der christlichen Weisheit. Italiens Jugend von 1881 kannte keine Ideologien, sie kannte die Wahrheit.

Und Collodi, der mit ihr durch sein dichterisches Einfühlungsvermögen in Verbindung trat, eroberte erneut, ohne zu wollen und wahrscheinlich ohne zu wissen, die Wahrheit seiner frühesten Kindheit, die Wahrheit, die seiner Mutter die Lebenskraft gab, die Wahrheit, die jedes unvoreingenommene Menschenherz instinktiv als das Licht des Heils erkennt. In ihm hat sich ganz besonders das prophetische Wort unseres Herrn Jesus bewahrheitet: „Wenn ihr nicht umkehrt und wie die Kinder werdet, könnt ihr nicht in das Himmelreich kommen" (Mt 18,3); „Wer so klein sein kann wie dieses Kind, der ist im Himmelreich der Größte" (Mt 18,4).

Schlußwort

Wir können von diesem Buch folgende Lebensweisheit lernen: Ideologien mögen dazu dienen, Politik zu betreiben, reich zu werden, Karriere zu machen, das Leben auf Erden äußerlich besser zu gestalten, zu Ehren zu gelangen und Vorteile zu erringen, Revolutionen in Gang zu setzen, die die Dinge wesentlich beim alten lassen, Befreiungen zu unternehmen, die gewöhnlich in einer anderen Versklavung münden. Aber um den Menschen als Mensch zu retten, nutzen sie nichts. Um ihn zu retten, ist die Wahrheit notwendig: die Wahrheit über Leben und Tod, über den Sinn des Daseins und über seine Sinnlosigkeit, über das Glück und über das Leiden, über die mögliche Hoffnung und über die Verzweiflung, über unseren Ursprung und über unsere letzte Bestimmung. Die Rettung beginnt, wenn der Mensch erkennt, daß seine wahre Entfremdung darin besteht, sich in die eine oder andere Ideologie zu flüchten aus Angst, sich mit der Wahrheit messen zu müssen, und diese beschämende Entwicklung umkehrt. Das ist die höchste und nützlichste Lehre, die man aus der Lebensgeschichte des Carlo Lorenzini, genannt Collodi, und aus dem literarischen „Fall" von *Pinocchios Abenteuer* ziehen kann.